JOHANN REVENU

THÉORIE
DE LA
CLASSE ÉGOÏSTE
(VERSION COURTE)

VERSION POUR AMAZON
AVRIL 2014

ISBN : 978-1-4991905-4-0

À tous ceux qui me l'ont inspiré(e).

DU MÊME AUTEUR

« Économie & Écologie,
une difficile équation sur la planète d'Adam
Smith »
(ESLSCA 2008 - 2014)

« Théorie de la classe égoïste »
(Première édition mars 2014)

AVANT-PROPOS

Comment classifier ce livre ? Il parle de société, il parle d'économie, il parle de politique, il parle d'histoire, il parle des gens, il parle de vous. Je laisserai donc aux libraires le soin de le qualifier et de le mettre dans le rayon qu'il conviendra. Mais une chose dont je suis sûr, c'est qu'il ne relève en rien de l'ouvrage de science-fiction. Je sais déjà que nombre d'entre vous y verront une vision fantaisiste de notre temps, de notre société ou pire, l'expression ex nihilo de quelconque névrose de son auteur, et resteront dans un déni de réalité motivé par un ego probablement relativement important. Mais, n'en déplaise à ces derniers, ce texte s'inspire d'observations de la vie réelle et des réflexions qu'elles animent. Ces observations ont pu être réalisées dans les pays européens où j'ai pu vivre et de diverses informations que j'ai extraites des médias, qu'ils soient formatés comme la télévision ou embroussaillés comme Internet. Cet ouvrage intellectualise et rassemble de nombreux récits de vie réels dans l'Europe du XXe et du début du XXIe siècle. Peut-être même en avez-vous vécu certains en tant qu'acteur ou observateur. Car vous comprendrez, avec un peu de bonne foi et d'ouverture d'esprit, que la classe égoïste c'est vous. Cela vous semble incroyable au moment de lire ces lignes et donc avant d'avoir entamé la théorie, car vous me jureriez la main sur le cœur que vous n'êtes pas quelqu'un d'égoïste. Mais j'ai espoir que la lecture de cette théorie, plus que de vous ouvrir l'esprit, vous fera prendre conscience de la réalité de votre être et de vos actions. Malgré votre étonnement, j'imagine que certains d'entre vous y reconnaîtront le portrait de quelconques des bourreaux de leurs vies, en tant que victimes, sans pour autant réaliser qu'ils sont plus ou moins consciemment, plus offenseurs que martyrs. D'autres, certainement les plus égoïstes, balayeront d'un revers de main cette théorie sans comprendre qu'ils sont probablement les plus concernés.

J'ai titré ce livre « Théorie de la classe égoïste » en hommage à la « Théorie de la classe de loisir » (Theory of the leisure class) de Thorstein Veblen (1899), qui m'a beaucoup inspirée. Pour enlever toute ambiguïté en ces temps littérairement troubles, ce travail est entièrement original dans sa rédaction et pas une ligne n'a été empruntée en conscience à un autre ouvrage, du moins sans avoir été explicitement avoué. Il s'agit pour autant d'une théorie qui, par définition, est amenée à être critiquée, remise en question, voire conspuée. Je ne doute pas que nombre de détracteurs s'en chargent. Elle m'a d'ailleurs déjà rapporté beaucoup d'inimitié, voire d'antipathie. Certains de ceux que j'eus considérés comme des amis et à qui j'ai exposé cette théorie et l'existence de ce travail n'ont pu trouver en eux la grandeur d'esprit pour relativiser le propos et m'ont alors qualifié d'être égoïste et égocentrique. Devant les faits que je n'ai pas manqué de leur rappeler, il apparaît que le sujet semble très sensible. Soit parce qu'ils l'ont pris comme une attaque personnelle, auquel cas il est d'adage que seule la vérité blesse, soit parce qu'ils me croient trop peu intelligent pour pouvoir développer une théorie qui dépasserait ma simple personne. Dans les deux cas, peut-être n'étaient-ce pas de bons amis. Cette théorie est également amenée à évoluer avec le temps. Elle a d'ailleurs progressé durant les deux ans qu'il m'a fallu pour l'écrire et plus encore durant les douze ans qu'il m'a fallu pour la penser. Il est même possible qu'elle fasse l'objet de rééditions modifiées ou d'un tome deux dans le futur, en fonction de l'accueil que ce premier essai aura reçu. Quoique j'aie pris la précaution de la présenter comme une théorie, l'égoïsme individuel est une réalité qui est rattachée à l'humanité et à l'animal en général, ne serait-ce que pour assurer sa survie. Je l'ai donc écrit comme une vérité conçue pour traverser le temps et garder une certaine fraîcheur malgré les années. J'ai comme ambition que la postérité pourra rouvrir cet ouvrage en le pensant toujours vrai, en tout cas pour ceux qui seront assez clairvoyants ou de bonne foi pour le considérer comme tel, aujourd'hui ou demain. Je ne doute pourtant pas que l'égoïsme sera une valeur tout aussi d'actualité dans le futur, comme elle l'est aujourd'hui ou le fut plus ou moins dans l'histoire. Je me bornerai à parler de mon présent, de mon histoire et de celles que mes rencontres éphémères ou pérennes ont pu vivre et me raconter, ainsi que des différents héritages que l'enregistrement papier, vidéo ou sonore ont porté à ma connaissance. De cette masse d'information, j'aurai essayé de tirer de quoi étayer cette thèse autant que de prendre en compte ce qui pouvait la remettre en question. On me reprochera certainement d'avoir été partial et incomplet, mais encore une fois, c'est une théorie. Cette appellation me donne une importante latitude dans mon expression autant que dans mes pensées.

Je reviens enfin sur la probable dénégation que la lecture de cet ouvrage pourra inspirer à une part non négligeable de gens. Je ne la redoute pas, mais je la prévois de par les premiers retours qu'il m'en a été fait. Je pense notamment à quelques personnes que j'ai beaucoup côtoyées et qui m'ont inspiré de nombreux passages du présent texte. Me rendant selon eux un grand service, ils acceptèrent d'en faire la lecture. Le résultat fut surprenant. En effet, l'un d'entre eux, complètement acquis à ma théorie, me cite dans nos conversations sans jamais avoir compris qu'il était l'un des meilleurs représentants de cette classe égoïste que pourtant il critique. Pour autant, rien n'a vraiment changé dans son comportement et j'ai en revanche été qualifié d'égoïste. Ayant le fol espoir d'apporter quelque chose au monde et à mon époque, j'ai le sentiment que dans cet exemple, mon ambition s'est transformée, au mieux, en une distraction de l'esprit. Il conviendra donc de lire ce travail avec tout le sérieux nécessaire et une certaine capacité à se remettre en question. Car comme pour les faits divers, être égoïste, ça n'arrive pas qu'aux autres.

Ce livre est une version épurée de la première édition originale (mars 2014), faite pour être distribuée via la plateforme de la société Amazon : CreateSpace. Cette version, vendue à prix plus bas, a été amputée de neuf chapitres et deux annexes, que vous pourrez retrouver en achetant la version complète de 286 pages en format A5.

Voir le blog pour plus d'information et de contenus

I.
INTRODUCTION

La Classe égoïste n'est pas une classe en elle-même. Elle est le reliquat de la distribution des rôles dans les structures hiérarchiques. Elle s'est développée depuis les origines de l'humanité en marge de la classe dominante. Cette classe ingrate, celle qu'on ne choisit pas, tente à travers l'Histoire d'échapper à son destin tout en le perpétuant comme une loi d'airain depuis, au moins, les 5000 ans de civilisation connus. On pourrait relier l'origine de la notion de classe égoïste, ou classe inférieure, directement à celle de la civilisation. Mais ce regroupement discriminant des individus en classes a dû naître encore bien plus tôt. Dès que l'homo sapiens s'est regroupé en tribus, des structures hiérarchiques se sont alors établies, et conséquemment, le phénomène de classes. À l'instar des comportements dans le règne animal, le regroupement de plusieurs individus engendre naturellement une hiérarchie basée sur des critères propres à l'espèce qui, se perpétuant dans le temps tout en s'étendant, crée des classes d'hommes qui ne peuvent que s'affronter de par des intérêts forcément croisés. De ce que les anthropologues et historiens nous ont révélé, l'évolution humaine a créé et perpétué ce système de classe depuis les premiers signes de la civilisation jusqu'à nos jours de façon plus ou moins pernicieuse. Dans sa forme la plus simple, la société hiérarchisée est composée de deux classes : la classe dirigeante et la classe dirigée.

La sélection des membres de ces classes fut d'abord naturelle, par des critères physiques, faisant du plus fort physiquement le dirigeant du groupe. C'est par cette règle du plus fort que le mâle, plus imposant, a pu prendre l'ascendant sur la femelle, plus petite. Cette sélection brute permet ainsi de perpétuer les gènes du plus fort qui, en dirigeant le groupe, s'attribue les femelles au détriment des plus faibles, les dirigés. Dans un monde où l'humain est un animal parmi tant d'autres, la force représente le principal atout pour la survie, que ce soit pour la chasse ou le combat avec d'autres représentants de l'espèce. C'est donc naturellement qu'il s'impose comme le premier critère discriminant. Le pouvoir politique, évolution moderne du pouvoir de la violence, celui qui s'acquiert par le combat afin de trouver la légitimité pour soumettre la classe inférieure, s'est perpétué par l'écrasement de toute concurrence, qu'elle soit physique dans sa forme primitive ou économique et sociale dans ses formes récentes. C'est par cette violence que ce sont imposés les plus grands chefs de guerre, que ce soit auprès de leurs ennemis ou de leurs soumis. La guerre, démonstration de force qui permet d'exalter les instincts primitifs, soumet les vaincus qui viennent peupler la classe inférieure, et d'imposer le respect aux alliés de circonstance pour annihiler tout esprit de rébellion qui leur ferait alors rejoindre cette classe inférieure. De nos jours, l'expression de cette violence est beaucoup plus subtile, mais pas moins cruelle. Elle se manifeste plus socialement et économiquement que physiquement. La force n'en est pas moins grande et la soumission de la classe inférieure toujours aussi importante. Mais l'argent a remplacé le glaive et le costume, l'armure.

L'évolution inédite de l'Homme et sa suprématie naissante sur son monde lui ont permis de reléguer le critère bestial pour forger une hiérarchie, et des structures hiérarchiques plus sophistiquées se sont développées en même temps que des structures sociales. L'accroissement de la compréhension de son état et du monde dans lequel il se meut l'Homme, lui a fait développer un certain nombre de connaissances et de savoirs qui deviendront, s'ajoutant à la force physique, les principaux critères de ségrégation entre les classes. Davantage que par l'expression cruelle de sa force physique, la classe dirigeante d'une espèce intelligente se base donc sur l'appropriation des connaissances : c'est la classe du savoir ou classe savante. La classe non savante, elle, prenant de fait une place moins favorisée dans la société. Dans cette idée, les druides gaulois incarnent parfaitement cette élite basée sur le savoir. La déconnexion intellectuelle de l'homo sapiens de son environnement est certainement née avec l'imposition aux masses de la religion. Elle consiste alors à donner une explication aux choses naturelles qui ont transcendé l'esprit de l'Homme et dont il n'arrive à donner une interprétation, entre autres scientifique. C'est le développement de ce « savoir » et son appropriation par une certaine classe au détriment des autres qui engendra le concept de classe supérieure, celle qui a le droit au savoir et celle qui n'y a pas droit. L'Église catholique, se réservant le rôle de l'interprétation des textes sacrés et du « savoir » religieux, appliquera ce concept avec force jusqu'à la révélation des thèses scientifiques qui mirent en désuétude les « savoirs » de l'Église auprès de la classe inférieure. La classe savante a, elle aussi, su se perpétuer au travers de l'histoire sous des formes très diverses. Les premières religions se sont développées conjointement aux premières civilisations. Polythéistes, elles ont permis le développement d'une classe de savants qui a accaparé les savoirs religieux, mais aussi sociaux comme l'écriture ou l'astrologie. Illustrant cette réalité, dans l'Égypte ancienne, l'écriture était le domaine réservé des scribes, étroitement dirigés par les ecclésiastiques. L'émergence des religions monothéistes a perpétué cette classe de savants et a développé la hiérarchie au sein de la classe en centralisant les croyances dans des textes sacrés et dans une structure plus adaptée au culte. Le meilleur exemple de cette évolution est sans conteste le Vatican, devenu État, qui décide seul du dogme et le répand au sein de la classe inférieure par une pyramide rigide de serviteurs. Bien que le pouvoir de cette classe savante soit ébranlé depuis l'émergence du savoir scientifique qui lui a échappé, la dimension purement spirituelle de sa « science » permet à cette classe de survivre et de prospérer en flattant les instincts primaires de la classe inférieure.

Au bas de l'échelle, en perpétuel reliquat, la classe inférieure, bien que nombreuse, car peuplée de tous ceux qui n'ont pu faire partie des deux autres classes plus favorisées, suit et subit à travers l'histoire les évènements initiés par les classes dirigeantes et savantes sans forcément y trouver un avantage tangible. Elles en ont d'ailleurs été souvent victimes.

Un système de classe induit forcément des discriminations. Ces discriminations en sont même la base. Et c'est la perpétuation de ces discriminations qui fait la continuité du système des classes. La discrimination par la force et la cruauté qui a donné le pouvoir dirigeant s'entretient d'elle-même par des critères physiques et sociaux. Plus tard, les critères physiques auront perdu de leur importance pour être substitués par le pouvoir économique. Ce pouvoir socio-économique, que l'on pourrait traduire par pouvoir politique, se transmettra par héritage, souvent filial. Le pouvoir savant, lui, se transmettra par portage des connaissances. Le premier semble en cela davantage héréditaire que le second. Néanmoins, le phénomène de classe mettant par nature en avant la notion de classes sociales, la transmission des savoirs est définie en fonction de critères sociaux et, là encore, de la filiation. Comme une évidence, la classe inférieure n'a que peu d'héritage à transmettre, perpétuant ainsi son état. C'est en cela que les classes sociales se reproduisent en loi d'airain depuis la naissance de la civilisation dans une immuabilité qui ne donne l'opportunité d'aucun émoi. Aussi, pendant plusieurs millénaires, ont cohabité trois classes : la classe dirigeante qui a acquis son statut par la violence physique, la classe savante qui imposera une ségrégation morale et intellectuelle, et enfin la classe inférieure. Malgré que leurs définitions et leurs frontières aient revêtu différentes formes à travers l'histoire et les civilisations, ces trois classes sont perpétuées avec une constance étonnante depuis les premières grandes civilisations reconnues.

Même si la classe dirigeante, la classe prédatrice, a ponctué l'histoire de guerres pour affirmer sa légitimité, les deux guerres mondiales de 1914-18 et de 1939-45 ont été des évènements particuliers dans l'histoire de l'humanité. La dimension mondiale des engagements, la cruauté extrême ou la mise en œuvre de moyens inédits en sont certainement responsables. Mais elles ont surtout permis l'apogée d'une nouvelle classe : la classe égoïste. Avant cela, une lente transition s'est effectuée depuis la fin du XVIIe siècle, notamment ce qu'on a appelé les révolutions industrielles. Trop occupés à faire la guerre et à maintenir leur statut de classe dirigeante par l'instauration et le développement d'une vie de cour, les anciens maîtres du monde ont délégué les questions économiques à une catégorie de grands bourgeois et de petits nobles (faisant partie de la classe inférieure). Ces derniers ont alors utilisé les sciences nouvellement découvertes pour créer puis faire prospérer une industrie qui les ont enrichis autant qu'elles ont servi l'État et ses dignitaires. Ainsi, c'est par l'achat de charges que les riches bourgeois, sans pour autant avoir eu à manier l'épée, ont pu accéder à la noblesse dite de robe et petit à petit s'approprier le pouvoir politique grâce à leur fortune, au détriment de l'ancienne noblesse d'épée. Cela fut d'autant plus facile que la noblesse d'épée avait besoin de l'argent ou des biens produits dans les manufactures de ceux qui seront désignés par « classe d'affaires » pour pouvoir faire la guerre et tenter vainement de conserver leur légitimité. C'est grâce aux révolutions populaires, qu'elle a irrégulièrement soutenu, que la classe dirigeante tombera pour porter cette classe d'affaires au pouvoir, faisant d'elle la nouvelle classe dirigeante. Toujours grâce au développement des sciences et techniques, l'accès au savoir s'est démocratisé, notamment grâce à l'imprimerie. Malgré la vaine lutte de l'Église pour sauvegarder sa primauté, le savoir se diffuse dans la classe inférieure, ce qui lui permet de s'affranchir du pouvoir ecclésiastique et de relativiser son influence. D'autant plus que la science avait déjà mis à mal les certitudes de l'Église. Elle perdit le monopole du savoir et l'exclusivité des sources des connaissances largement répandues dans le peuple et qui l'asservissait. La classe savante s'est conséquemment diluée dans les deux classes restantes soit en rejoignant les nouveaux maîtres du monde dans la nouvelle classe dirigeante, soit, bien plus souvent, en s'incorporant à la classe inférieure dans laquelle elle reste relativement privilégiée. Restèrent alors deux classes à la fin du processus de transition : la (nouvelle) classe dirigeante et la classe inférieure (dirigée).

Malgré le battage, les cartes restent toujours les mêmes et les discriminations de classe se perpétuent naturellement. Il y a certes de nouveaux acteurs, mais le besoin pour les plus privilégiés de préserver les acquis et d'imperméabiliser les frontières de classes reste immuable. Cette nouvelle classe dirigeante qui a pris le pouvoir voudra le garder face à une classe inférieure dont ils sont sortis et qui aspire toujours à son émancipation. Il faudra donc tuer dans l'œuf toute ambition, non plus par la violence physique des anciens maîtres, mais par une autre forme de violence. Cette nécessité sera à la base de la transformation de la classe inférieure en classe égoïste. L'après-guerre et la constatation de l'impuissance des États anciens imposeront un système (ultra)-libéral et mondialisé où les rivalités barbares pourront s'exprimer sans retenue dans une société où la violence économique et sociale s'est substituée à la violence physique, répondant ainsi aux souhaits des pères du libéralisme. Comme dans les guerres romaines ou napoléoniennes, un général a besoin de soldats. Et comme à l'époque de César ou de Bonaparte, la classe inférieure aura ce rôle. Là où les temps barbares permettaient un recrutement par la force et la contrainte, l'époque moderne, moins sanglante, a dû inventer de nouveaux moteurs d'embrigadement de la classe inférieure dans leurs desseins prédateurs. C'est en répondant à ce besoin qu'ils ont créé « l'ascenseur social ». Cela consiste à créer un passage de la classe inférieure à la classe dirigeante que pourront emprunter les plus méritants en échange de leurs bons services dans cette guerre qui ne dit pas son nom. Il est bien entendu que peu d'élus seront autorisés à l'emprunter. À l'opposé, la classe dirigeante a institué le système du bâton qui consiste à exclure de la société les moins dociles en leur faisant perdre tout leur confort matériel et social, créant un véritable système de la peur à destination des esprits embrigadés dès la naissance pour alimenter leur système. Ce double système crée naturellement une rivalité intra-classe dans une classe déjà peu favorisée. Il faudra individuellement se battre pour être plus fort pour monter, ou au moins tenter de préserver ses acquis. Cette précarité sociale cassera de façon pernicieuse tout mouvement de révolte. Révoltes individuelles en promettant le firmament aux plus méritants, ou collectives en menaçant d'exclure du système les rebelles. Il devient donc évident avec ce système social qu'il est avantageux et plus sûr de lutter contre les autres que de tenter de se coaliser. C'est par cette lutte individuelle fratricide, tiraillée entre l'espoir d'une vie meilleure et la peur de tout perdre, que la classe inférieure se transforme en classe égoïste. Cette classe égoïste, qui par la mise au firmament de la consommation individuelle en symbole de liberté et d'ascension sociale, prend tout son sens, perpétue à son insu son état de classe inférieure. Le principe Veblenien voulant démontrer qu'une classe donnée tendra toujours à vouloir s'approprier les attraits et atours de la classe qui lui est directement supérieure, engagera alors une guerre sans fin pour laquelle la classe inférieure est mal préparée et qu'elle ne peut de fait pas gagner. Et c'est par la violence de cette guerre que la classe égoïste se caractérise. Cette violence ne se dirige pas contre la classe dirigeante hors de portée, mais envers ses pairs. Mettant l'argent en unité de mesure de toute chose, il va devenir le dénominateur et le facteur discriminant communs, et son acquisition donnera lieu aux comportements les plus barbares, les plus primitifs ou les plus serviles envers leurs maîtres. Cette nouvelle lutte des classes ne se fait plus de manière verticale, mais horizontale. Il ne s'agit donc plus de lutter contre la classe oppressante, mais contre ses homologues. Dans ce monde social et économique basé sur la rareté et où l'acquisition des biens et des valeurs est érigée en but de toute existence, la classe inférieure se mue donc en classe égoïste en accaparant à titre individuel les biens, les plaisirs, le bonheur, au détriment des autres, dans un système gagnant/perdant tendant à l'amoralité, voire à l'immoralité, et sobrement illustré par l'adage : « le malheur des uns fait le bonheur des autres. »

II.
LA DESTRUCTION DU MODÈLE ANCIEN

La classe égoïste dans sa forme actuelle est donc définitivement installée après la Seconde Guerre mondiale. Elle est le résultat de la mutation de la classe inférieure engagée par plusieurs facteurs étroitement liés. Les bouleversements des plus difficiles guerres que l'humanité s'est infligées ont permis une remise en cause des classes sociales par la chute de la classe dirigeante traditionnelle. Depuis la défaite de Waterloo et la prise de conscience des ravages des guerres napoléoniennes où la classe inférieure s'est muée en chair à canon, la classe dirigeante bâtie sur l'art de la guerre s'est décrédibilisée et a perdu toute légitimité. En cela, il a fallu créer une nouvelle classe dirigeante basée sur des critères inédits. Bien que l'habileté aux affaires et la création de fortunes colossales aient permis la naissance et la prospérité de la noblesse de robe et l'accession des grands bourgeois à une part relative du pouvoir politique, la classe dirigeante fut jusqu'alors dominée par l'héritage de cette noblesse d'épée. Il aura fallu les guerres mondiales pour définitivement annihiler cette prédominance.

La première défaite de la classe dirigeante est morale. Les guerres extrêmement coûteuses tant en vies humaines qu'en termes financiers, supportées dans ces deux aspects par la classe inférieure, ont fait perdre tout prestige à la chose militaire. Jusqu'aux guerres mondiales et la prédominance dans celles-ci de la mécanique, les batailles voyaient s'affronter en ligne deux armées abreuvées de soldats du peuple qui se mutilaient jusqu'à la mort ou jusqu'à ce que leur commandement ordonne la retraite. Ces guerres extrêmement coûteuses en vies humaines privaient les familles des jeunes hommes en les faisant partir à la guerre souvent sans retour au lieu de labourer les champs pour assurer la survie alimentaire et le paiement de l'impôt. Vies humaines qui ne faisaient d'ailleurs pas l'objet d'atermoiements de la classe dirigeante qui ne craignait que pour son prestige. Défaite morale, d'autant plus que les résultats ne furent plus à la hauteur des coûts engendrés. Les changements de gouvernement des territoires, passant d'une bannière à une autre à un rythme parfois plus rapide que les générations, prenaient en otage la population civile, celle qui n'était pas embrigadée dans les armées faute de valeur ajoutée pour la guerre. La classe dirigeante, qui guidait sans grande considération les troufions sur les champs de bataille et qui asphyxiait les paysans par les impôts, ne trouva plus alors dans la guerre le bien-fondé qui lui permit de justifier l'écrasement de la classe inférieure au nom de la patrie ou de la raison d'État. Ce sont donc les guerres de plus en plus coûteuses et destructrices qui ont poussé la classe inférieure à se révolter pour améliorer ses conditions de vie, refusant dorénavant de payer le prix trop lourd des nécessités guerrières des puissants. C'est à ce moment-là que la classe dirigeante a perdu une partie de sa légitimité en se cantonnant à sa fonction autoproclamée de chef de guerre devenue sans objet, et en négligeant l'aspect politique, économique et social de son rôle.

C'est justement par la guerre qu'en plus de la défaite morale, la classe dirigeante va perdre son combat sur le plan financier notamment en étant victime des révolutions industrielles. Bien que les soldats soient fournis sans contrepartie équitable par la classe inférieure, l'équipement, les armes, les officiers et l'intendance coûtent cher. Et c'est pour financer ces guerres de prestige que les souverains durent emprunter des fortunes à cette classe (d'hommes) d'affaires, emprunts servant à payer les productions et services proposés par ces mêmes hommes d'affaires. Mais au final, la facture était payée au prix fort par la classe inférieure, car elle devait couvrir les dépenses ainsi que les frais d'emprunts. Devenant maîtres de leurs maîtres par la mécanique financière, ces hommes d'affaires, en finançant les guerres, assirent à chaque génération de souverain, encore un peu leur domination financière, donc sociale. Dans l'optique impérieuse de la victoire, les guerres ont massivement fait recours à la technologie pour rendre le bras armé du souverain plus efficace. Les révolutions industrielles partant de la fin du XVIIe siècle ont quasi exclusivement profité à ces capitalistes qui ont su développer de véritables empires manufacturiers au détriment de la classe dirigeante trop occupée à son prestige et à la guerre. Tandis que les souverains féodaux étaient les mécènes des artistes comme des inventeurs, des fondateurs des manufactures, des maîtres du commerce et des règles, souverains guerriers ont progressivement délégué ces tâches à des entrepreneurs privés, se concentrant sur la préservation de leurs pouvoirs régaliens menacés par les aspirations de liberté de la classe inférieure. Ils privatisèrent l'initiative et les recettes du progrès technologique pour remplir les caisses de l'État vidées par les guerres ou par clientélisme. C'est probablement par ces privatisations que la première révolution industrielle est née. L'énergie de la cupidité pousse alors les entrepreneurs à rivaliser d'ingéniosité et à développer les concepts industriels pour décupler leurs profits. Concepts industriels, souvent développés à des fins militaires, commandés et payés par la classe dirigeante et indirectement financés par la classe inférieure. Et bien que la classe dirigeante ne se souciât plus des développements technologiques, les nécessités de la guerre lui ont fait massivement recourir aux innovations privées. Vendue à prix d'or, aussi chère que la nécessité de gagner une guerre pour celui qui l'initie, la victoire technologique a induit la victoire financière de cette nouvelle noblesse. Fort d'un capitalisme créé par et pour elle, elle développera de véritables empires, non pas basés sur un territoire, sur un peuple ou sur une culture, mais sur la propriété, un système économique et social favorable, des États faibles, des lois peu contraignantes et une vieille classe dirigeante en déclin. C'est par l'incapacité à se réformer et la menace de la perte de ses privilèges régaliens que la classe dirigeante s'est afférée à contenir la classe inférieure sans voir où partait réellement son pouvoir. Elle laissera émerger une nouvelle classe : la classe d'affaires. Cette classe d'affaires prospérera par l'exploitation de tous les domaines laissés en jachère par la classe dirigeante d'alors qui s'est arcboutée sur ses fonctions régaliennes face aux revendications populaires. Les guerres de plus en plus coûteuses créant des besoins en financement toujours plus importants et des souverains toujours moins riches, la classe d'affaires prospérera en les finançant. La défaite morale, la défaite financière et la défaite industrielle auront eu raison de cette vieille classe dirigeante qui n'a su s'adapter à un nouveau monde que leurs excès auront créé, laissant la place à une nouvelle classe d'affaires, devenue de fait la classe dirigeante.

Les guerres financées par elle-même permirent une progression fabuleuse de sa fortune et donc l'accroissement de son pouvoir dans la société au détriment de la vieille classe dirigeante. La compréhension par ce groupe d'hommes d'affaires aussi rusés que cupides des possibilités de nouvelles machines, de nouvelles matières, de nouvelles énergies et des mutations rapides du plateau géopolitique européen, a permis à cette nouvelle classe d'individus regroupant une part de petite noblesse, une part de notables de province, de fonctionnaires et même de citoyens de la classe inférieure, de supplanter en quelques générations la traditionnelle classe supérieure restée au système féodal qui a fait l'Europe pendant des siècles.

La classe savante a, elle aussi, subi d'importantes transformations depuis sa naissance. À l'origine propriétaire et maîtresse des savoirs et de la mémoire de la société, son rôle s'est très progressivement cantonné au dogme et aux affaires religieuses, voire à la morale. Alors que la notion de progrès technologique était abstraite, les savoirs furent transmis oralement entre individus et cette transmission était alors soumise au filtre des classes. Seuls les membres adoubés de la communauté étaient autorisés à recueillir le savoir du groupe, faisant de ces individus des personnages de pouvoir, différents et au-dessus des autres, des inférieurs. Avec l'augmentation de la taille des groupes et de la sédentarisation, la classe du savoir s'est structurée. Le développement de l'écriture, forme plus élaborée et normalisée des dessins préhistoriques, est devenu un instrument de discrimination entre la classe savante et la classe inférieure. Ainsi, les lettrés qui pouvaient assimiler et transmettre le savoir par l'écriture à leurs pairs développèrent une classe au sens propre, celle du savoir. Elle fut subséquemment la garante de lois, de leur pérennité et de leur postérité. Elle a également pris sous son autorité les affaires religieuses. Sa maîtrise de l'écriture lui permettait d'officialiser les dogmes religieux et de les garder sous son contrôle exclusif. Possédant l'exclusivité sur les affaires de l'âme comme sur celles de la Loi des Hommes, la classe du savoir a pu prospérer en parallèle de la classe dirigeante et asservir, sur le plan juridique, moral, culturel et spirituel, la classe inférieure. De l'Égypte antique à l'époque contemporaine, elle fut par cela une classe respectée par sa position prépondérante dans les affaires sociales et la tenue de la société. C'est elle qui rédige et garde les lois, c'est elle qui transmet le savoir et qui gère les universités, c'est elle qui avalise les progrès scientifiques et qui décide de ce que la classe inférieure doit penser. De plus, elle est crainte de par son pouvoir acquis sur les âmes. L'émergence des doctrines religieuses et leur imposition forcée selon des rites et des dogmes contrôlés dans la société lui confèrent un pouvoir sur les croyances et sur les évènements que la logique et la science n'ont pas pu comprendre. Elle décide donc de ce que la classe inférieure doit croire. La centralisation des connaissances au sein d'un ordre devenu religieux permet de pérenniser le système et de tenir soigneusement écartée la classe inférieure de toute prétention relevant de ses prérogatives. Cette classe savante put ainsi perdurer pendant des millénaires à l'abri de la violence physique de la classe dirigeante, lui opposant son pouvoir sur les esprits et sur les âmes. Se rendant indispensable à la classe dirigeante pour maintenir son pouvoir sur la classe inférieure, la classe savante s'y est étroitement associée. Les progrès scientifiques et le développement des gens de lettres autant que de l'audience lettrée ont entamé le monopole de cette classe savante au profit de la classe inférieure. Autant dans leur origine que dans leur transmission, les savoirs scientifiques ont été en partie réquisitionnés par le peuple. Souvent par désertion à leur classe, des étudiants des écoles religieuses ou des futurs membres de fait de la classe dirigeante ont pu développer des savoirs qu'ils ont répandus dans le peuple, et ont contribué, en passant à l'ennemi, à casser l'exclusivité de la détention du savoir et de sa transmission par la classe savante. Parmi ces savoirs, celui qui brisera définitivement le monopole et même le rôle originel de la classe savante sera l'imprimerie. Mal accueillie par l'Église pour sa capacité à répandre bien plus vite les dogmes religieux, l'invention de l'imprimerie permettra aussi de faciliter et surtout de rendre anonymes les savoirs et croyances contraires aux doctrines officielles. En cela, l'Église perdra sa domination sur les esprits en permettant la contradiction avec d'autres sources de savoir auprès du peuple. Cette imprimerie permettra même l'émergence d'une nouvelle religion : le protestantisme. Le développement de nouveaux savoirs et leur diffusion créeront un cercle vicieux pour la classe savante qui perdra définitivement son rôle de garante des savoirs au XXe siècle. Le symbole le plus fort de cette perte de pouvoir viendra sans doute de l'encyclopédie de Diderot et d'Alembert au XVIIIe siècle, outrepassant l'Église pour compiler et proposer au public tous les savoirs humains, rédigés sans censure religieuse (ou presque). L'Église, perdant son monopole, fera interdire par deux fois l'ouvrage, s'associant aux représentants de la classe dirigeante en leur montrant le caractère déstabilisateur de l'œuvre pour le pouvoir. Ayant définitivement perdu ses attributs, la classe savante gardera néanmoins son pouvoir spirituel en accentuant sa pression sur la classe inférieure à mesure que son pouvoir savant s'effritait. Elle s'est ainsi attribué le pouvoir de guider les âmes pendant la vie et après la mort, menaçant de l'enfer les âmes libres qui voudraient s'en affranchir. Ce pouvoir, souvent exercé de façon violente et usurière dans l'histoire, reste encore celui de la classe savante aujourd'hui malgré sa perte de crédibilité totale dans le domaine des savoirs et deux siècles de révolte des lumières. Ce pouvoir qui se nourrit du manque d'éducation et de l'ignorance de la classe inférieure, prospère dans les régions du monde où l'obscurantisme est maintenu par la violence. C'est d'ailleurs par ces exemples, notamment dans la culture arabe, qu'on distingue très bien les rapports compliqués, conflictuels et complices entre la classe dominante, la classe savante, la classe d'affaires naissante et la classe inférieure. Néanmoins, bien qu'elle ait disparu dans sa forme antique, la classe savante s'est retrouvée et a monopolisé un autre domaine d'influence sur les esprits : le divertissement (ou « entertainement » dans un jargon anglophone). C'est par la distraction des esprits qu'elle a pu garder un certain contrôle sur les hommes. Musique, cinéma, littérature, jeux vidéo, autant de domaines où l'ancienne classe savante déchue a pu trouver son salut. Néanmoins, bien que le contrôle des esprits reste une condition nécessaire à la tenue d'une société de classes, la classe savante n'existe plus en tant que telle. Elle s'est répartie entre la classe dirigeante pour une minorité de ses dignitaires et la frange favorisée de la classe inférieure pour la majorité des autres. Il s'agirait aujourd'hui des acteurs visibles du monde du divertissement, des intellectuels médiatiques ou des universitaires, pour ne citer qu'eux.

Classe par défaut, mais nécessaire à l'existence des deux autres, la classe inférieure garde dans ses prérogatives, une certaine constance dans l'histoire de l'humanité. Une constance dans son immuable souffrance, que ce soit par les guerres induites par la classe dirigeante où elle paye le plus lourd tribut, ou par les nécessités spirituelles imposées par la classe savante. La classe inférieure est pourtant celle qui devrait avoir de l'histoire le plus de mérite. C'est elle qui construisit à la sueur de son front les pyramides ou qui servit de chair à canon au général Bonaparte. Conditionnée dès la naissance à son rôle d'ouvrière, la classe inférieure n'a d'autre aspiration que de survivre et de servir la cause de ses maîtres. Ainsi fut sa condition pendant des millénaires, que ce soit dans l'Égypte des pharaons ou au Siècle des lumières. Sa destinée est donc de subir, le système lui donnant juste ce dont elle a besoin pour survivre et ne pas avoir intérêt à se révolter. Néanmoins, les bouleversements du XXe siècle, la mutation des classes dirigeantes et la dilution de la classe savante ont, eux aussi, fait muter la classe inférieure. La nouvelle classe d'affaires ayant pris le pouvoir par l'argent, la propriété technologique et industrielle perdue par la classe dirigeante d'alors, cette dernière n'a comme seule alternative que de conserver ses attributs pour maintenir son pouvoir. La classe d'affaires va s'employer à transformer la classe inférieure pour se permettre de la dominer. La classe inférieure a véritablement muté en classe égoïste au sortir de la Première Guerre mondiale, mais c'est après la seconde qu'elle a trouvé son apogée. Les commandes ne venant plus de souverains guerriers désormais transformés en politiciens marionnettes et le prestige de la guerre n'étant plus l'apanage de ces nouveaux personnages, il a fallu pour cette classe d'affaires trouver de nouvelles sources de besoins à satisfaire et donc de transformer une classe inférieure, qui survit dans un équilibre millénaire, en consommateurs insatiables pour faire prospérer leur fortune déjà immense. Se ralliant aux prophéties d'Adam Smith, la nouvelle classe dirigeante a vite compris qu'il était plus facile d'accroître sa fortune en commerçant qu'en faisant la guerre. Mais pour commercer, il faut des clients. Et pour créer des clients, il faut créer des besoins. Pensant sortir de millénaires d'un système qui l'écrase, la classe inférieure s'est pleinement investie à assurer la domination de cette nouvelle classe dirigeante, de ses nouveaux maîtres, en devenant ses fidèles clients. Elle pensera alors avoir acquis une nouvelle liberté, mais elle ne trouvera en réalité qu'une nouvelle forme d'asservissement.

III.

LES BASES SOCIALES DU SYSTÈME

Pour imposer des règles et des modes de vie contraires aux us et coutumes installés, il faut soit les commander par la violence avec la menace de châtiments cruels, soit mettre à son service les bas instincts de l'homme. Même le plus vertueux des administrateurs, le plus convaincant des orateurs, le plus doué des politiciens, ne pourra pas lutter contre l'ordre préalablement établi sans avoir recours à l'un de ces deux moyens (ou les deux). C'est par ce premier moyen que se sont imposées la plupart des structures sociales. Même la République romaine qui instaura des siècles de « Pax Romana », par les conquêtes militaires successives et sanglantes de chefs de guerre romains en quête de légitimité politique et de prestige militaire, autant que par la répression féroce de toute forme de révolte, l'aura fait dans la violence. C'est comme cela aussi que les églises imposèrent leurs dogmes qui exaltent (paradoxalement) la vertu, en contradiction avec la nature de l'homme. C'est aussi par la menace et l'usage de la violence que toutes les dictatures naissent et vivent, et c'est quand cette menace violente perd en crédibilité que les régimes tombent par les révoltes populaires. Ces régimes dictatoriaux et souvent autocratiques ne peuvent alors tenir que dans la mesure où les populations sont faiblement éduquées et où le savoir et le dogme restent la propriété de la classe savante. Les révolutions arabes récentes montrent parfaitement que l'augmentation générale du niveau d'éducation de la population et la baisse de l'importance de la classe savante sont deux paramètres nécessaires à l'expression du mécontentement du peuple. Néanmoins, cette imposition par la force, forcément barbare, peut avoir de nobles ambitions et parfois même des résultats positifs. Il paraît subséquemment difficile, en usant de coercition, d'instaurer un régime consacrant la liberté du peuple et de l'autoriser à avoir un développement intellectuel en rapport avec les nécessités des révolutions industrielles et sociales.

Ayant hérité d'une classe inférieure relativement éduquée et d'une classe savante minorée, il n'était plus possible d'imposer un système par la violence et la coercition. Il fallut instaurer un système qui utilise les forces des bas instincts de l'Homme pour s'imposer naturellement. Après la Révolution française et malgré les aspirations monarchiques des Français, la restauration de la monarchie dans ses formes les plus absolues n'a pas été possible, et les nombreux changements de régime mirent fin à tout espoir de retour du roi, laissant la place à la république. En cela, les origines de cette nouvelle classe dirigeante, nouveau qualificatif de la classe d'affaires, celle de la noblesse de robe et des grands bourgeois, ne sont pas basées sur la légitimité de la violence physique. Sa prise de pouvoir sur l'ancienne classe dirigeante s'est faite sur sa capacité à exploiter et à exacerber pour elle-même la nature égoïste de l'être humain, son aptitude à tirer profit du système et à la capitalisation de ses ressources. La révolte de la classe inférieure vis-à-vis de l'ancienne classe dirigeante a prévenu les nouveaux maîtres que l'ordre ancien et la monarchie (le pouvoir) absolue seraient de fait rejetés par le peuple. La monarchie, par le pouvoir transmis de père en fils perpétuant le système, sans offrir d'espoir au peuple sur une amélioration de ses conditions de vie, ne pourra mener à l'avenir qu'à un soulèvement de cette classe inférieure qui a trop donné sans pour autant voir les lendemains qui chantent. Il était donc obligatoire de créer un système exploitant les instincts primaires de l'Homme pour le détourner de ses revendications légitimes. Sa prise de contrôle s'est conséquemment faite sur la libéralisation dirigée des instincts égoïstes naturels de la classe inférieure.

Conscient du monde aux richesses limitées et parfois difficiles d'accès dans lequel il vit et de la concurrence toujours croissante des toujours plus nombreux adversaires, l'homme primitif a très vite développé le besoin de capitaliser et de s'approprier les ressources au détriment des autres. Avant les processus industriels et même artisanaux, l'humain prélevait dans la nature ce dont il avait besoin pour vivre et, étant nomade, partait à la recherche de zones plus accueillantes, une fois la précédente vidée de ses biens naturels. L'augmentation de la population humaine et la rareté des ressources a probablement poussé l'homme à capitaliser les richesses qu'il a pu prendre à la nature, et ne pouvant les transporter, il s'est sédentarisé. Privé de la possibilité de prélever ailleurs des ressources quand sa zone de prélèvement était moins productrice, il dut faire fructifier son capital et s'est mis à l'agriculture. Il se rendit maître de sa production et des moyens naturels de l'obtenir en se les appropriant au détriment des autres de son espèce et du reste de la faune. Ce capitalisme primaire de l'homme est même beaucoup plus profond puisque génétique. En effet, en cas de surplus nutritif, le corps ne rejette pas l'excès, mais le transforme et le stocke (sous forme de graisses). C'est naturellement en faisant appel à ces instincts primaires que se manifeste le besoin de posséder toujours davantage et de le privatiser, et que la nouvelle classe dirigeante va transformer la classe inférieure en classe égoïste pour son plus grand bénéfice. Ce système théorisé par Adam Smith dès le XVIIIe aura nécessité près de deux siècles pour que le pouvoir du capital supplante le pouvoir de l'épée et de l'hérédité. C'est certainement pour consacrer cette suprématie que Veblen parlera de « néolibéralisme » au début du XXe siècle. Cette doctrine consiste donc à s'appuyer sur la propension naturelle de l'homme à vouloir s'approprier pour lui-même et seul des biens. Des biens d'abord utiles à sa survie, puis à son confort.

Ne voulant imposer la vertu ou le sacrifice au nom de la patrie, les nouveaux maîtres feront penser à la classe égoïste qu'elle travaillera et qu'elle se sacrifiera, non plus pour la classe dirigeante sous le couvert de l'intérêt de la nation, mais pour elle-même, pour son propre profit. Il était alors nécessaire de développer ce système basé sur l'égoïsme individuel sans chercher à le réprimer au nom de l'intérêt collectif. Le libéralisme, c'est avant tout le sentiment de liberté. Il doit faire penser à chaque individu qu'il est libre de ses choix, libre d'entreprendre, et que la seule limite à sa liberté est sa capacité à réussir dans ses entreprises. En cela, les nouvelles règles imposées par la classe dominante doivent être légères et flexibles pour permettre à tout à chacun d'entreprendre sans entraves du pouvoir politique et régalien. L'abandon des règles, qui avaient pour vocation de favoriser l'intérêt commun au détriment des aspirations individuelles qui pendant des siècles ont servi la classe dominante, ne peut que recevoir un accueil favorable dans la société. C'est même sur cette seule aspiration que le peuple américain s'est soulevé contre l'empire anglais. L'absence de ces règles, bien qu'elle protège de l'émergence d'une dictature, créera de fait une compétition où le plus fort, le plus riche, gagnera au détriment du plus faible, et imposera donc de fait ses règles. Et à ce jeu, la classe d'affaires part bien plus favorisée que la classe inférieure.

Après une histoire de domination, la classe égoïste, privée de liberté au nom de la vertu ou de l'État, ne peut accueillir qu'avec un enthousiasme affirmé un système qui les rend, semble-t-il, libres. Cette liberté espérée par plus d'un siècle de lumières ne permet pour autant pas à tous de prospérer équitablement. En effet, le concept même de liberté est incompatible avec le système libéral. Il faut par essence que les libertés ne soient pas les mêmes pour la classe qui dirige et la classe qui obéit, et il faut définir une nouvelle discrimination, basée non plus sur le savoir ou l'hérédité, les titres ou les faits d'armes, mais sur une notion faisant état de liberté pour s'assurer le concours du peuple. Ce critère sera l'argent. Il permet de garantir insidieusement la discrimination de classe tout en offrant la liberté théorique d'en accaparer et d'en accumuler librement. En cela, il sera édicté à la classe inférieure que plus elle aura d'argent, plus elle sera libre. Cette discrimination sera adoptée à tous les étages de la société, inculquée dans les familles comme à l'école, et deviendra un critère communément admis pour justifier des différences de liberté et des classes sociales. Ensuite, pour pouvoir faire prospérer l'industrie et ne pas se créer une concurrence sociale, il faut que cette acquisition de richesse se traduise par une consommation. Reprenant la tendance immémoriale de la vieille classe dirigeante à rivaliser dans une compétition vaine menant souvent à la guerre, la nouvelle classe dirigeante s'emploiera à diriger ce besoin de rivalité non plus sur le champ de bataille, mais sur celui de la consommation ostensible et de fait inutile. Ainsi, consommer devient pour la classe inférieure une marque de richesse, de puissance et donc de liberté et de pouvoir.

Sortie du joug de ses anciens oppresseurs et de Dieu, la classe inférieure n'aura comme obsession que d'être libre et puissante à titre individuel. Et donc de consommer. Pour pouvoir cette consommation, la classe dirigeante aura édicté qu'il faut le mériter, ce qui induit de gagner de l'argent. L'argent, symbole de liberté, puisqu'acquis selon ses propres mérites sans entraves, devient conséquemment la quantification de valeurs positives et l'objet de toutes les convoitises. Les symboles de la liberté et par déduction la possession d'argent et du mérite se formalisent dans la consommation de biens et leur ostentation selon une échelle sociale subtilement définie basée sur les marques que la classe dirigeante a développées. En cela, il ne s'agit pas de consommer un bien pour son utilité, mais pour le statut social, la dose de respectabilité et de mérite qu'il procure. Ces arguments sont d'autant plus vrais si cette consommation est le symbole d'une discrimination financière mettant son initiateur dans la partie favorisée. La classe inférieure, rabaissée depuis des millénaires, voit dans cette nouvelle donne le moyen d'acquérir une nouvelle respectabilité, une nouvelle position dans la hiérarchie sociale et va donc s'activer sans limites et sans autre considération à l'acquisition d'argent. Et c'est par cette absence de valeurs humaines qu'elle va devenir la classe égoïste.

Consciente qu'elle doit se façonner les conditions pour s'approprier et pour conserver le pouvoir, la classe dirigeante qui a créé les règles de cette nouvelle structure sociale part bien plus favorisée que la classe inférieure, et est par conséquent hors de portée de cette dernière. Non seulement parce qu'elle a acquis un capital gigantesque sous l'ancien ordre, parce qu'elle pousse la classe égoïste à la consommation individuelle, mais surtout parce qu'elle est la grande gagnante de la course à la capitalisation. La barrière entre les deux nouvelles classes étant peu perméable, la classe égoïste va lutter contre elle-même collectivement pour qu'individuellement ses membres puissent paraître ostensiblement au-dessus des autres. À l'instar des discriminations entre les classes, il faut pour qu'une partie des individus émerge que l'autre s'enfonce, créant une guerre fratricide qui profite avant tout à la classe dirigeante, épargnée par cette lutte intestine. Lutte qu'elle a d'ailleurs normalisée dans les rapports entre les individus. C'est ce qui va lui assurer une domination éternelle, comme Dieu au-dessus des hommes règne loin de leurs turpitudes. Elle a pour cela créé la règle de la concurrence dite pure et parfaite pour obliger les individus à égoïstement se battre les uns contre les autres pour obtenir un avantage en dépit des autres et ainsi paraître plus méritants et plus libres. Le libéralisme étant amoral par nature, cette classe égoïste sera encouragée à tous les vices pour autant qu'ils s'inscrivent dans les règles pas moins vicieuses et clientélistes mises en place par la classe dirigeante pour elle-même. Le salut de leur âme ne viendra pas non plus de la classe savante, mais de la capacité à s'offrir par la consommation la preuve de leur respectabilité. Cette lutte individuelle, amorale et vicieuse, sera donc l'objet de nombreux comportements individualistes et néfastes pour le groupe, ce qui donne tout son sens à l'expression de « classe égoïste ».

IV.

LA FORMATION DE LA CLASSE ÉGOÏSTE

Bien que la tendance naturelle de l'être humain aille à l'appropriation de biens pour lui-même et qu'il se livre volontiers à une compétition barbare pour les accaparer en dépit de ses concurrents, il faut former la classe égoïste à cette lutte fratricide. On lui inculque les règles de base du système que l'on peut résumer ainsi :

- La liberté s'acquiert par la consommation
- L'argent permet la consommation
- La respectabilité et le mérite sont mesurés par ces deux critères.

Ce système, né du besoin irrépressible de changement dans la classe inférieure au lendemain de catastrophes humaines dont elle fut la première victime, n'a pas vraiment de mal à s'imposer dans cette partie de la société. La renaissance de l'espoir tué par des siècles de pouvoir absolu suffira à lui faire adhérer au modèle des nouveaux maîtres du monde. Plus de liberté, plus d'égalité, la mise en service d'un ascenseur social, la promesse d'une vie meilleure... Il n'en fallait pas plus pour le promouvoir. D'autant que les premières générations égoïstes qui grandirent avec les révolutions industrielles successives, les progrès technologiques fantastiques et le développement de l'industrie et des échanges purent goûter à un mode de vie et à la consommation de nouveaux produits sans pour autant avoir à faire les sacrifices qu'ont faits leurs aînés jadis. La libéralisation du commerce et l'éloignement du risque de guerre qui empoisonnait les relations entre les États ont permis de doper les échanges entre les nations, faisant venir en masse des produits étrangers qui étaient autrefois réservés à la classe dirigeante. Les agrumes et les fruits exotiques des pays chauds aux XIXe et XXe siècles, le saumon fumé et le caviar au XXIe. L'industrialisation et la mécanisation de la fabrication permirent également de faire chuter le prix des produits indigènes en développant la production à la chaîne et par des machines. Les avantages de ce nouveau mode de vie semblent sans contrepartie puisque le nouveau pouvoir n'est plus absolu et oppressant, la nouvelle classe dirigeante ne se préoccupant apparemment plus vraiment de la liberté d'expression ou de faire. Au contraire, elle la prônait. Le développement social peut également se faire dans une relative paix par le remplacement des souverains orgueilleux par des politiciens fantoches bien moins belliqueux et surtout bien moins puissants. La seule limite au bonheur de la classe égoïste est désormais devenue sa capacité à accumuler l'argent.

L'argent va logiquement devenir le centre de toutes les préoccupations. Il est l'objet de toutes les convoitises et son acquisition va devenir le moteur de toutes les initiatives. La transition intergénérationnelle de la classe inférieure à la classe égoïste, de la classe des paysans et des artisans à celle des salariés et des marchands, va permettre une modification en douceur des mœurs, faisant passer l'immoral de jadis pour la norme en quelques générations. Dans la classe inférieure comme dans la classe dirigeante, à l'époque où le système financier était simplement basé sur l'étalon Or, l'argent était le symbole d'un travail. Il devait permettre au travailleur de vivre de son labeur et surtout de subvenir à ses besoins primaires pour pouvoir continuer à travailler. L'excédent que pouvait acquérir un travailleur était dû à un surplus de travail dans sa quantité ou par son habileté dans son art artisan (vous noterez la racine commune). Dans la classe dirigeante, l'argent symbolisait d'une autre manière le mérite, qu'il soit militaire, administratif ou même courtisan. Le roi accordait des charges rémunératrices aux courtisans doués qui auront su lui plaire, indépendamment de leurs qualités manuelles ou intellectuelles. Cette valeur du travail était aussi un levier puissant de la classe savante qui, en interdisant le prêt à intérêt, voulait empêcher la classe inférieure de faire profit des crédits accordés à la classe dirigeante qui ne produisant rien, vivait perpétuellement à crédit et qui ne tirait ses revenus que du prélèvement de l'impôt sur cette classe inférieure qui était donc encouragée à produire plus et à se sacrifier davantage.

Au fil de la transformation des classes, l'argent va progressivement être déconnecté de la valeur travail ou « artistique » (au sens de l'artisan) pour devenir non plus l'étalon de l'effort, mais l'étalon de la réussite sociale. Un artisan ne sera plus récompensé pour la qualité de son travail, mais pour sa capacité à le vendre. Un paysan ne sera lui plus rémunéré seulement sur la quantité de production, et encore moins sur sa qualité, mais sur son habileté à négocier sur les marchés. L'étalon Or, bien que perfectible, mais matériel, laisse alors sa place à un étalon papier pour permettre d'accroître sans limites la masse de mérite et de respectabilité (apparente) des plus cupides.

La classe d'affaires a réussi sans mal à s'adapter aux nouvelles règles qu'elle a faites à son service. Ses énormes capitaux et sa possession quasi exclusive des outils de production lui ont permis de s'enrichir considérablement en dirigeant la chaîne économique de la détention des matières premières à la consommation, de l'effort à la récompense. Il ne lui aura pas fallu beaucoup lutter pour s'imposer dans un système guerrier ou seuls les plus forts survivent, sinon quand le vaincu se soumet aux volontés du vainqueur. Sa position est d'ailleurs si dominante qu'elle n'a pas besoin de se battre en son sein et la classe égoïste, malgré tous ses efforts, ne sera jamais une menace aux vues des règles du jeu. Cette classe dirigeante n'aura plus comme mission que de pérenniser son système et l'inclure dans une nouvelle normalité. Il faudra alors démoraliser la valeur Argent et affronter la classe savante qui avait mis l'argent, comme le sexe, au cœur de sa politique de contrôle de la classe inférieure. Les penseurs des lumières, presque tous issus des classes favorisées (la classe d'affaires) et proches des cours, détruisirent en deux siècles le pouvoir absolu de la classe savante en s'appropriant le savoir scientifique et en tuant le dogme. À l'image des tribulations de Voltaire, cet assassinat du dogme ne se fit pas sans heurts avec la classe dirigeante souvent très pieuse, et qui s'était associée avec la classe savante dans la domination de la troisième classe. Prônant pour beaucoup l'ouverture d'esprit, la pensée libre, en un mot la liberté, ils ne pouvaient que servir les intérêts d'une classe d'affaires encore sous le joug de la vieille classe dirigeante. Cette révolte des esprits libres sur la classe savante allait donc être une aubaine pour déstabiliser cette classe liberticide qui les empêchait de prospérer librement.

Le système devenu amoral, il fallut l'ériger en normalité de développement pour casser le pouvoir de la classe dirigeante. Cette classe de souverains régnait alors en maîtres sur leur domaine et sur le peuple qu'elle asservit de son pouvoir divin. La fortune considérable de cette classe d'affaires et l'éternelle vie à crédit des cours vont permettre de mettre au pas les ambitions de cette vieille classe profiteuse. Le développement du commerce international et des investissements transfrontaliers vont entamer le pouvoir des Rois et des Princes sur les activités économiques en ne les rattachant plus à une terre et à des lois, mais à des sociétés de capitaux mobiles. Ce commerce, nécessaire pour continuer la vie faste de la classe dirigeante, va permettre à la classe d'affaires de se libérer progressivement de leur joug et de s'enrichir de plus en plus librement avec le consentement naïf de la première. La nécessaire paix pour le développement du commerce international servira aussi ses intérêts en garantissant les investissements étrangers. Perdant petit à petit de son pouvoir, la classe dirigeante, réduite à une corporation de petits politiciens, va devenir par son propre jeu, non plus le commanditaire, mais l'obligée de la classe d'affaires, définitivement promue comme la nouvelle classe dirigeante.

La classe égoïste, ne pouvant disparaître de par sa nature et son importance pour la classe dirigeante (l'ancienne comme la nouvelle), elle devra être convertie. De gré, pas de force, puisque le nouveau système lui semble favorable. Il convient de lui inculquer le nouvel étalon et guider sa naïve quête de la liberté et du bonheur. Il n'est plus immoral de gagner de l'argent sans production, la classe savante ayant été définitivement mise à l'écart de la vie politique et sociale. C'est alors l'opportunité pour la classe égoïste de pouvoir s'enrichir, elle aussi. Néanmoins, tandis que dans l'ancien système, l'échelle de valeurs était relativement libre de tout pouvoir, l'étalon monétaire est, lui, géré par la classe dirigeante. Au travers des banques, puis des banques centrales leur appartenant, la classe dirigeante décide selon ses besoins de distribuer ou non de l'argent, et à qui. Elle possède tous les leviers du jeu, garde sous contrôle la liberté et la récompense du mérite de la classe égoïste. Rendant cette liberté et ce mérite (au sens artisan) limités et réservés aux plus méritants (au sens libéral), la classe égoïste se livre une guerre intestine pour prendre à l'autre ce qu'il ne peut créer de lui-même. Plus encore que par l'accaparement des ressources naturelles, la production industrielle à grande échelle a rendu toute tentative de fabrication artisanale vaine en raison de son coût. Ceci faisant, l'individu ne peut créer de lui-même avec son seul travail une production valorisable. C'est comme cela que la classe égoïste devient esclave de la classe dirigeante. Elle ne peut se développer que dans les limites de la masse monétaire mise en circulation dans la société, et pour qu'un individu puisse augmenter son niveau de richesse, il doit appauvrir un autre. La masse des énergies dépensées ainsi sert dans ce jeu plus au transfert de l'argent qu'à l'augmentation réelle des ressources de la classe égoïste. Pire encore, chaque transfert donne lieu à un prélèvement par la classe dirigeante qui, elle, s'enrichit continuellement.

L'augmentation générale de l'éducation du petit peuple a révélé qu'il fallait prendre en main dès le plus jeune âge les âmes de la classe égoïste pour normaliser le système dans la population et éviter de former des esprits trop libres pour ne pas risquer une nouvelle révolte éclairée. D'autant plus que l'industrie n'a pas besoin de savoirs très étendus et nécessite seulement des savoir-faire techniques (contrairement à l'artisanat). En cela, au travers de l'école, elle va former des travailleurs à qui l'on aura érigé l'amoralité du système en normalité et on leur apprendra à s'affronter en leur donnant quelques armes sans pour autant configurer leurs esprits à penser et donc à remettre en cause un univers qui va les asservir toute leur vie. Plus encore que l'assimilation du système, l'école servira à fournir la main-d'œuvre qui ira produire dans les usines, et cet apprentissage technique de plus en plus complexe et lourd gavera des cerveaux qui n'auront plus à cœur de s'interroger sur leur monde.

L'une des caractéristiques de la classe dirigeante est sa cupidité sans limites. Cette cupidité a été pour elle le moteur de son ascension de l'état de classe d'affaires ou classe bourgeoise courtisane, à l'état de classe dominante ou dirigeante. Mais malgré cette victoire, elle reste animée par le besoin de possession, de pouvoir, et à l'origine de liberté sur son monde. Tout en ayant verrouillé toutes les règles du jeu, elle va inculquer les mêmes valeurs à la classe égoïste. Il ne s'agira donc plus de s'affronter pour avoir une vie meilleure et plus de liberté dans l'absolu, mais de s'affronter pour avoir une vie meilleure que ses pairs et être plus libres qu'eux. Cette rivalité permanente et sans fin que se livre la classe dirigeante (cf. la théorie de la classe de loisir de Veblen) va servir les intérêts de celle-ci pour garder la classe égoïste sous son joug et pérenniser le système à son profit. Dans cette optique de préservation, il faut que cette échelle de valeurs qu'elle a créée et basée sur l'accumulation d'argent (symbole de la liberté et du mérite) ne serve pas à fabriquer de nouveaux rivaux sur le même modèle. Ce modèle qui a permis à la classe d'affaires par la capitalisation de richesse de prendre la place des anciens maîtres. En cela, l'accumulation de richesse, d'argent, devra servir, non pas à s'affranchir du système et s'offrir une vie particulièrement libre et confortable, mais à développer une consommation ostensible qui aura pour but d'affirmer cette liberté et cette respectabilité aux yeux des autres (sans pour autant souvent les avoir). Consommer doit devenir le symbole de la liberté absolue : celle de pouvoir céder à ses envies en instantané, et l'expression du mérite : celui de matérialiser la réussite sociale et de la montrer.

Le marketing (mercatique) aura pour rôle de guider les esprits dans la nécessité de consommation et les formera à l'échelle de valeurs consumériste. Il est bien sûr entendu que plus un produit réclame d'argent, plus il inspire la liberté, le mérite et la respectabilité. Néanmoins, il faut affirmer dans les esprits la nécessité abstraite de l'incarnation des valeurs qui leur sont chères dans des produits dont ils n'ont pas forcément besoin, et pour lesquels la dépense ne semblerait pas nécessairement judicieuse. Mieux encore, il faut que cette consommation soit si impérieuse que la non-consommation devienne un symbole négatif. Il faut faire entendre que bien qu'un produit de base puisse satisfaire un besoin déjà non essentiel, il conviendra de le payer singulièrement cher pour augmenter la connotation positive et les valeurs qu'il inspire. C'est exactement le rôle des marques, stade ultime de la consommation inutile, d'ostentation et de la lutte intra-classe qui la caractérise. Car il est bien entendu que pour s'offrir la marque, il faut plus d'argent, donc être encore plus féroce dans le combat social pour prendre davantage à son camarade pour se l'octroyer.

C'est par une assimilation très précoce des règles du jeu, de l'échelle des valeurs et par la prise en main des esprits que se forme la classe égoïste. En détruisant l'instinct artisan du mérite par l'effort, en empêchant toute remise en cause du système par l'esprit et en abolissant toute forme de morale naturelle qui pourrait être innée, cette classe égoïste devient le soldat sacrifié d'une nouvelle guerre qui ne dit pas son nom et qui se fait malgré elle, avec son plein assentiment. Et cette assimilation est devenue tellement puissante que toute remise en cause paraît anormale ou pire, une régression sociale.

Dans cet esprit de formation de la classe égoïste, l'école joue un grand rôle. Dès le plus jeune âge, aux environs de trois ans et parfois même avant, la masse de la jeunesse est envoyée dans de grands instituts censés les former à devenir des citoyens. L'école, dévolue à instruire une population et à construire des citoyens, forme en fait les soldats de la classe égoïste en leur inculquant les bases du système, en conditionnant leur esprit à intégrer la condition de classe et en annihilant toute idée de rébellion par le formatage des esprits. Depuis 1932, on ne parle d'ailleurs plus en France « d'instruction publique », mais « d'éducation nationale ». Ce changement sémantique montre qu'il ne s'agit plus d'instruire, mais d'éduquer. Ne plus transmettre des savoirs neutres, mais endoctriner. Éduquer un être humain comme on élève un animal. Ainsi, dès le plus jeune âge, on apprend aux masses la compétition individualisée, l'importance du jugement des autres, l'obéissance et la soumission à l'ordre établi. Le jeu dit des chaises musicales en est la parfaite symbolique. Ce jeu consiste à mettre un certain nombre de chaises en rond, une par participant moins une, et de diffuser une musique. L'objectif est de s'asseoir aussi vite que possible sur une chaise, et celui restant debout est éliminé. Ce jeu apparemment anodin met en avant dès les classes de maternelle une compétition individualiste ou l'on gagne et perd seul contre les autres et sous le regard des autres. Les perdants exclus regardent alors les gagnants qui continuent dans le jeu. L'école primaire met l'accent sur la soumission de l'élève au maître, l'individualité de la transmission des savoirs et la comparaison compétitive des résultats. Il y a donc le maître qui enseigne et les élèves qui s'y soumettent. Ils doivent obéissance à son autorité autocratique et assimiler ses règles autant que ses enseignements. Il y a aussi la compétition individuelle. Il est question d'évaluation, non pas des acquis, mais de la capacité à reproduire les volontés du pouvoir, à l'école, celui du maître. Certes, c'est ce dernier qui possède et transmet les savoirs, mais l'expression de ce pouvoir s'exerce aussi sur le plan humain et conditionne les savoir-faire et les savoir-être tant prônés plus tard dans le monde de l'entreprise. Ensuite, cette capacité d'obéissance et de reproduction est comparée aux autres par un classement et la moyenne de classe. L'élève est jugé, non pas sur l'augmentation de son savoir à titre personnel, mais sur sa capacité à reproduire fidèlement sans devoir forcément comprendre et sur son obéissance au système scolaire. Il y a d'ailleurs souvent une note résumant l'attitude en classe. L'insolence, même intellectuelle, est moins bien notée que l'obéissance. La réussite ou l'échec d'un élève ou d'un groupe n'est pas lieu d'une remise en question du système ou de l'institution, mais de l'élément. Un gaucher sera, par exemple, moins bon qu'un droitier parce que l'écriture occidentale de gauche à droite l'empêche d'écrire au stylo-plume, et sa mémoire auditive plus que visuelle n'est pas exploitée par le recopiage du tableau noir. C'est d'ailleurs par le choix de ces critères que les filles « réussissent » mieux que les garçons. Le collège puis le lycée ensuite entérinent ce système. En premier lieu parce que l'apprentissage se fait de plus en plus solitairement. Les travaux pratiques et toute activité potentiellement sociale sont relégués pour inculquer les savoirs académiques « régaliens » et mesurer les élèves en fonction de leurs performances individuelles. Ainsi, les évaluations se font de manière personnelle et toute forme de coopération, considérée comme une tricherie, est sévèrement sanctionnée. S'opère alors une sélection entre les individus où ceux considérés comme les meilleurs par le système sont promus et les autres sacrifiés, comme ce fut le cas au Royaume-Uni jusqu'à la fin du XXe siècle. Il n'est pas question de définir leurs capacités intrinsèques, mais de hiérarchiser les élèves en fonction des critères mis en place par la classe dirigeante pour structurer la société (et donc circonscrire la classe égoïste) et de récompenser les plus méritants pour la lutte qu'ils ont menée pendant ces années.

L'université est la finalité de ce combat solitaire et fratricide. Elle-même hiérarchisée et structurée, elle est une accompagnatrice de chaque jeune vers la classe sociale qui lui est destinée. Les enfants de la classe dirigeante sont automatiquement dirigés vers les universités qu'ont fréquentées leurs parents, et les autres se perdent dans des chimères plus ou moins égalitaristes dans des facultés de second choix. Néanmoins, les plus malins issus de la classe égoïste, ceux qui ont le mieux réussi dans la compétition scolaire, pourront être admis à rejoindre les universités du haut de la hiérarchie. Très attachées à leur réputation ou à leurs business, ces écoles doivent continuer à exister en formant chaque génération de la classe dirigeante sans se perdre à instruire d'autres classes qui ne feront pas grandir le réseau. Elles s'attachent à briller par le « Hall of Fame » de ceux qui, passés par l'école, perpétuent le système en haut de la pyramide sociale. Point besoin d'avoir un esprit brillant ou d'avoir des idées nouvelles. Cela est même redouté par ces écoles qui finissent le formatage des esprits en distillant en vérités générales, les héritages des dignitaires de la nouvelle classe savante, dévouée ou parfois composante de la classe dirigeante. La classe égoïste, à qui l'on avait vendu l'école comme un bouton d'appel de l'ascenseur social, semble désorientée. Et, bien que l'école ne soit plus pour elle un moyen de monter dans la hiérarchie, elle y continue sa lutte fratricide. L'objectif de l'école n'étant plus de se placer sur la règle des responsabilités au sein de l'entreprise, mais de tout simplement pouvoir y trouver une place, il se crée une inflation scolaire où, à poste identique, on y demande toujours plus de diplômes et d'années d'études. Il s'agit donc de faire une ségrégation entre les individus plus qu'une recherche de compétences intellectuelles. Cette course aux diplômes est d'ailleurs de plus en plus hypocrite par la baisse admise dans le temps du niveau moyen des savoirs à degré égal. Dans cette compétition folle inspirée par les nouvelles valeurs de la classe, le diplôme, symbole d'une réussite, est devenu bien plus important que les savoirs effectifs qu'il consacre.

Pour reprendre Veblen, le système éducatif, est incontestablement plus un outil de reproduction des classes sociales qui consacre le diplôme, résultante de la compétition scolaire, et plus des compétences, des savoir-faire ou des savoir-être. Il offre, non pas de former des citoyens libres d'esprit avec un bagage de compétences qui leur permettront de développer un métier, mais fabrique des soldats d'un système qui les asservit et les empêche de penser. Donc de remettre en cause le système.

V.
La classe égoïste et la société

Ayant bien assimilé l'individualité de la lutte, il est acquis qu'on réussit mieux seul qu'en groupe. En cela, le concept de société, ou plus encore de nation paraît contradictoire avec cette règle du jeu. En apparence seulement. La nation est un concept qui veut le regroupement d'un grand nombre d'individus sous une culture commune, des valeurs communes, des lois communes et avec des aspirations communes. Ce qui paradoxalement s'accorde parfaitement avec les règles du jeu instaurées par la classe dirigeante. La culture de la consommation ostensible est acquise par tous, l'argent en tant que valeur sociale est accepté par tous, les lois sont les mêmes pour tous, même si favorables à une classe plus qu'à l'autre, et les aspirations, celles de consommer, sont les mêmes pour tous. Les États-nations belligérants ont fait place à une grande nation mondiale qui par tous ces traits collectifs permet un développement commun. Les valeurs d'enrichissement et la culture de la consommation, apparemment pacifique et compatible avec le concept de nation, le sont beaucoup moins lorsque ces notions sont associées à une lutte sans fin pour l'acquisition d'une valeur au détriment de l'autre. C'est alors que le concept de nation devient bancal et celui de société prend du sens. Passé la satisfaction des besoins primaires, le surplus de consommation destiné à montrer son degré de liberté, de mérite ou de respectabilité nécessite une audience pour trouver un sens. On ne peut pas être riche sans avoir un plus pauvre à côté pour s'y comparer et en cela définir son degré de richesse par rapport à lui. Le besoin d'accumulation et d'ostentation ne peut s'épanouir que dans un groupe, le plus large possible, d'individus. De plus, pour que le jeu puisse tourner, il faut qu'il y ait une discrimination et une consommation accessible seulement à une partie des individus dans le groupe, sorte d'aristocratie moderne. La cupidité sans fin de l'homme le poussera donc par tous les moyens dont il peut disposer à se dissocier du groupe en se plaçant au-dessus. Cet écart peut se creuser par un accroissement de la richesse de l'un, mais aussi par l'appauvrissement de l'autre. L'individu de la classe égoïste n'a besoin de ses pairs que pour s'enrichir à ses dépens et se comparer avantageusement à eux. Cette indépendance illusoire, que l'on pourrait nommer sans peine individualisme ou égoïsme, s'accorde donc mal avec le système de nation et de bien commun. Une société, encore plus une société industrielle moderne, a besoin de biens communs pour se développer. Ces biens communs, originellement développés par l'initiative du pouvoir et financés par l'ensemble des individus (de la classe inférieure) sont destinés à tous, et leur utilisation est gratuite ou semi-gratuite. Ainsi, tous les individus sont égaux devant la propriété et l'utilisation des biens appartenant à la société ou à l'État qui la représente.

Parce que la culture de différenciation par l'acquisition et la consommation associées à la cupidité humaine sont assez peu compatible avec le concept de nation et de bien commun, la classe égoïste va militer à l'abandon du développement des biens collectifs par son aversion pour leur financement, préférant user de ses moyens individuels pour s'adonner à sa frénésie de consommation comparative. Ce financement, qui s'opère par le prélèvement de l'impôt, ampute conséquemment la masse d'argent disponible à la classe égoïste, et donne lui aussi l'occasion de vouloir profiter en dépit des autres. L'impôt qui sert à financer le bien commun par la communauté est prélevé par les fonctionnaires de l'État selon une méthode et une échelle étroitement contrôlées par la classe dirigeante, qui bien qu'à l'abri de quelconque besoin, ne veut pas écourter la hauteur de la marche qui la sépare de la classe égoïste. La logique de la classe égoïste consiste donc à vouloir profiter du bien commun, à l'instar des autres membres de la communauté, sans pour autant les financer, préférant laisser les autres s'appauvrir en les subventionnant pour se hisser au-dessus. Entraînée par la classe dirigeante soucieuse de ses privilèges, l'inégalité devant l'impôt devient le boulet de certains individus au profit de tiers dans la lutte de classe, et un outil sournois d'augmentation des discriminations en spoliant les uns plus que les autres. Plus encore que l'inégalité devant l'impôt, le manque de recettes qu'une répartition inégale et un taux trop faible induisent, ne permet plus de financer les biens communs pourtant nécessaires au développement harmonieux de la société. La classe égoïste obtient alors satisfaction en diminuant la part des biens communs dans la richesse de la société au profit des biens privés.

Bien que la société délaisse le modèle de l'investissement et de la jouissance commune, certains biens ont par leur nature, leur taille ou leur universalité besoin d'être communs par leur financement ou leur utilisation. Ces biens, très nombreux, ne peuvent plus toujours être subventionnés par l'État qui, ne tirant plus assez d'argent d'une classe dirigeante qui s'extirpe de sa juste contribution et d'une classe égoïste qui rechigne à payer sa part pour rester dans la compétition consommatrice, doit subséquemment abandonner le projet commun ou le confier à la classe dirigeante qui, forte de ses capitaux et de ses ressources gigantesques, peut sans mal financer ces grands travaux. Pour que le bien commun puisse intéresser la classe dirigeante, il faut que le bien puisse jouir directement aux membres de cette classe ou qu'ils puissent en tirer un profit substantiel. Ainsi, dans la distribution des projets entre l'État et le privé (la classe dirigeante), ces derniers n'accaparent que les entreprises qui leur sont directement profitables et laissent les autres, sur lesquelles on ne peut tirer profit, à l'État déjà bien malade par ses finances. Ce qui ne peut que l'affaiblir un peu plus. C'est par cette logique que des pans entiers du domaine public ont été offerts au privé qui en tire profit sur trois niveaux. Le premier parce qu'il permet de faire travailler leur industrie et facturer indirectement le prix de la construction du bien. Un bien dont la construction serait facturée un milliard à la collectivité serait en fait réalisé pour 800 millions, le bénéfice allant à la classe dirigeante au nom de la libre entreprise et de la légitimité à faire du profit, même au détriment du bien commun. Ensuite, ce bien commun, propriété non pas de la collectivité, mais du privé, et qui sera négocié à un milliard à l'État, sera mis en concession jusqu'à obtention par redevance de 1,2 milliard. Le profit supplémentaire sera justifié par le temps nécessaire à récupérer le capital et la prise de risque, malgré l'assurance de la nécessité de consommation du bien par la société. Une fois l'équipement entièrement rentabilisé (y compris le bénéfice), le bien devient public, mais le besoin de la société restant immuable, l'opérateur va pouvoir continuer à l'exploiter à son profit pour le compte de l'État, jusqu'à l'usure complète du bien, s'il y a lieu. L'État représentant la société n'en tirera aucun profit et la classe égoïste paiera, étalé dans le temps, un prix à la valeur d'usage bien supérieur au prix réel du bien, enrichissant la classe dirigeante à son propre détriment. Pour autant, tandis que pour une jouissance identique du même bien, l'individu aura du mal à accepter un règlement à l'État, il n'objectera pas à un « juste » paiement à l'entreprise privée.

Les biens déjà à disposition du public ou les biens naturels disponibles n'ont pas plus d'estime dans les yeux de la classe égoïste. L'usage collectif d'un bien requiert un certain nombre de règles et d'interdits que l'argent, critère pourtant universel de discrimination et de liberté, ne parvient pas à lever pour la classe égoïste. La classe dirigeante, s'affranchit, elle, presque naturellement de tout interdit. Parce qu'endoctrinée depuis son plus jeune âge, la classe égoïste comprend et admet les discriminations liées à l'argent ou plutôt à son absence. Elle ne parvient pas en revanche à considérer que d'autres critères puissent brider sa liberté, celle de consommer. Consommer le bien commun ou la planète ne provoque aucun état d'âme, même si cette consommation s'accompagne de dégâts irréversibles sur le bien commun. Et la consommation en sera d'autant plus éreintante pour le bien en question qu'il n'appartient pas individuellement à un membre de la classe égoïste et que sa détérioration ne lui causera pas de tort à titre individuel dans la représentation qu'il donne de lui à la société. Tandis que la destruction d'un bien individuel, qui aura été la résultante de la difficile acquisition d'argent, créera une perte de valeur significative dans le bilan de son propriétaire, la destruction d'un bien commun n'aura pas d'incidence directe. Cette absence de conséquence dommageable permet de surconsommer ou de mal consommer un bien sans avoir à sacrifier une part de son patrimoine social. Plus encore, un individu qui détruit son bien propre sera vu comme dévalorisé par les autres tandis que la destruction d'un bien collectif n'affectera en rien la position dans le groupe. Et cette absence de conséquences négatives encourage même à surconsommer le bien pour en tirer un profit supérieur sans se soucier de l'éprouver ou de l'endommager. La sur-jouissance d'un individu se fera donc au détriment de la communauté et servira à accentuer la différence entre les membres de la classe. Il y a ceux qui sur-jouissent et ceux qui sous-jouissent parce que le bien n'est plus dans son état optimal à cause des premiers.

L'égoïsme de cette nouvelle classe, obnubilée par son besoin d'exister sur les autres, s'accommode ainsi mal de la notion de bien collectif, d'autant que le système s'emploie à encourager les profits individuels. Délaissant le bien commun, les individus auront tendance à trouver la solution la plus adaptée pour eux-mêmes à la satisfaction de leurs besoins. C'est notamment le cas dans les transports. Bien qu'il existe un bien public utilisable pour un coût modique, le besoin de se différencier et de se projeter au-dessus de la masse pousse les individus à user de leurs propres moyens, plus chers, mais plus socialement valorisants et reconnaissables. Plus encore que de jouer ce jeu qui fait d'eux des victimes, ils créent par leur individualité des désagréments pour eux-mêmes et pour les autres qui subissent indirectement ces choix égoïstes. Loin de devoir supporter les reproches de la majorité défavorisée, les individus tirent de ce non-alignement supérieur un sentiment de liberté en se libérant des contraintes incombant à la masse. La capacité à prendre cette liberté donne aux yeux de la classe une respectabilité certaine.

La perpétuation de ces comportements et des choix qui en découlent renforce la nature individualiste du développement de la société pour la guider vers son effacement total. L'État providence, puis régalien, s'effacent doucement, faute de moyens et de plébiscites du peuple, pour laisser l'initiative privée, et donc la classe dirigeante, prendre les derniers pouvoirs qui lui manquaient, non pas au nom de l'intérêt général, mais de la logique dogmatique qui pousse à jouir autant que possible en assumant le moins possible les coûts, sinon sous la contrainte. Cette contrainte, qui a été assimilée comme normalité par la classe égoïste lorsqu'il s'agit des intérêts de la classe dirigeante, semble anormale lorsqu'il est question du bien commun à la classe égoïste.

Cette lutte pour l'appropriation du bien commun renforce également les motifs d'affrontement à l'intérieur de la classe. Elle vient s'ajouter à la lutte ordinaire pour l'appropriation du bien privé. Le combat pour l'accaparement du bien collectif est néanmoins différent dans le sens où il peut s'opposer à la force publique de deux façons. Propriétaire et garante du bien commun, la force publique se doit de garantir un partage équitable, voire égalitaire, de ces biens. Ce principe d'égalité étant de fait incompatible avec les valeurs de la classe égoïste, elle s'y oppose mécaniquement. La réaction de l'État face à cette appropriation illégitime va alors développer des réponses adaptées à la philosophie égoïste. Il réprime l'abus d'un individu en confisquant une partie de son argent, le privant ainsi d'une part de consommation pour lui-même au profit de la société qu'il a spoliée. Ce système de confiscation forcée et le transfert de la richesse de l'individu à la société sont, par leur résultat, assimilables au principe de l'impôt pour la classe égoïste. S'attachant aux conséquences pour elle-même sans pour autant se préoccuper des tenants et des aboutissements de ces prélèvements, cette dernière s'emploiera donc à combattre le bien public et ses représentants pour son propre profit. À l'opposé de cette échappatoire, l'autre moyen pour la classe égoïste d'accaparer le bien public est de profiter pour elle-même des revenus de transferts. Issues des prélèvements sur les unités de la classe, ces sommes d'argent sont redistribuées à d'autres individus sur des critères visant à lisser les différences entre ses membres. Ces transferts dits sociaux passent pour rétablir une certaine justice sociale. Ils sont néanmoins critiqués, car ils handicapent les contributeurs qui s'étaient mis dans une situation favorisée dans la course à l'argent, et ils permettent aux moins privilégiés de réduire l'écart avec les premiers. L'argent étant érigé par la classe dirigeante en symbole de mérite, de liberté et de respectabilité, il paraît en cela injuste à ceux qui financent le système que leur aptitude à accaparer -dans les règles- les richesses puisse profiter à ceux qui les ont dépossédés. L'intervention de la société et de l'État qui semble ne pas suivre les règles du jeu est conséquemment considérée comme injuste et honteuse. Ne pouvant pas s'opposer à cette force publique, la classe égoïste, encouragée par la classe dirigeante, aura alors à cœur d'ostraciser moralement et socialement les tricheurs qui accaparent l'argent par l'action de l'État et pas par le jeu de l'accaparement. Les nouvelles règles ont fait la cupidité et la malice comme la norme et la solidarité une tricherie. Les différences discriminantes basées sur l'argent étant devenues normales, il est anormal que ceux qui n'auront pas été assez malins pour s'en procurer n'en soient pas handicapés proportionnellement.

VI.
L'ACCAPAREMENT DE L'ARGENT

Dans la lutte fratricide que se livre la classe égoïste, l'accaparement de l'argent est au centre de toutes les préoccupations. La consommation qu'il permet est le symbole de la supériorité de l'individu au sein de sa classe. Il est commun de résumer cet état par le terme de « réussite ». Réussir consiste, en résumé, à l'accaparement de larges sommes d'argent et de leur transformation en consommation, de préférence ostensible et appropriée sur l'échelle des valeurs de la classe. Le concept de réussite n'a dorénavant plus aucune dimension spirituelle ou originellement sociale. L'expression même disant que l'argent ne fait pas le bonheur a communément acquis le complément « mais il y contribue ». Doux euphémisme pour signifier que l'argent est pour beaucoup la clef du bonheur. Symbole de cette omniprésence et de l'importance de l'accaparement de l'argent, la question de savoir ce qu'on fait dans la vie se rapporte naturellement à l'activité qui procure de l'argent à celui qui la pratique et non à ce qui apporte du bonheur, si toutefois les deux ne sont pas intimement liés.

Comme pour les guerres d'antan, la classe dirigeante a besoin de soldats. Bien loin des champs de bataille, les soldats du libéralisme seront les ouvriers dans les usines et plus tard des employés dans les bureaux.

Le développement par la classe d'affaires d'énormes manufactures et l'achat de charges, se réservant les métiers lucratifs de l'administration de la nation lui a permis, à cette classe devenue dirigeante, d'orienter toute la société et les intérêts qui s'y combattent. En cela, bien qu'elle ait inculqué à la classe égoïste qu'elle réussirait mieux par l'initiative individuelle, elle a pour autant compris qu'elle ne pourrait prospérer et garder son ascendant qu'en fédérant à son profit des milliers de soldats dans de très larges armées qu'on appelle Sociétés Anonymes. Les membres de la classe dirigeante ont très vite découvert que l'union faisait la force et qu'il fallait unir la classe égoïste à son profit autant qu'il fallait créer des partenariats à l'intérieur de la classe. Ces partenariats collaboratifs étant possibles, à la différence de la classe égoïste, car les fortunes étant faites, mettant la classe dirigeante à l'abri de tout souci financier, son statut comme sa victoire sont affirmés depuis des générations et le besoin de rivaliser n'a plus vraiment de sens. Plus loin encore, l'absence de comparaison dans la société rend cette lutte sans objet. Il n'est pas question de remettre en cause la théorie de la classe de loisir, mais ce besoin de rivalité s'en trouve aujourd'hui amoindri dans nos vieilles sociétés, la nécessité de se différencier à l'intérieur de la classe étant moins impérieuse que le besoin de se cloisonner de la classe inférieure. Distance devenue tellement importante et garantie par le système que son développement ne justifie plus l'engagement d'efforts. Le précepte de Veblen s'applique néanmoins toujours et fort bien à la nouvelle classe de loisir des pays émergeant et aux fortunes neuves.

La classe dirigeante ne lutte donc plus. Elle collabore. Elle crée de larges corporations et holdings qui fédèrent de multiples activités et qui cumulent les profits pour le compte de la classe. Ces holdings tentaculaires aux multiples filiales opaques font produire la valeur par la classe égoïste et lui cède indirectement par le salaire et la consommation une part de plus en plus faible. Le reste, toujours plus grand, enrichit la classe dirigeante. Bien qu'il existe de nombreuses holdings (société de portefeuille), elles ne se font que très peu concurrence, car la lutte entre ces dernières ne pourrait être que préjudiciable à la classe dirigeante comme elle l'est à la classe égoïste. Les holdings forment ainsi ouvertement des associations, des cartels, qui coordonnent leurs positions dans la société, sur le marché, et font prospérer leurs affaires.

Pour pouvoir recruter suffisamment de soldats, il a fallu à la classe dirigeante qu'elle institue le travail salarié en normalité. L'individu de la classe égoïste est alors formé dès son plus jeune âge à devenir un salarié et acquiert les savoirs nécessaires pour être utiles aux industries. Il est inculqué que l'argent s'obtient par le travail salarié. L'entreprise, c'est l'endroit où se retrouvent les salariés. C'est de là qu'ils tirent leur moyen de subsistance et leur principale source d'argent. Ils y passent d'ailleurs la majorité de leur temps conscient. Les quarante heures hebdomadaires légales, les heures supplémentaires et les obligations annexes font que plus de la moitié d'une journée est dédiée au gain financier. Plus que la famille ou tout autre environnement, le salarié passe la majorité consciente de sa vie dans son entreprise. Ces sociétés, où de très nombreux individus se côtoient non pas par choix, mais par obligation et dans un but intéressé, sont par évidence le lieu où s'expriment les comportements les plus sombres de la classe égoïste.

Tandis que la chute de la vieille classe dirigeante, autocrate et totalitaire, a cédé la place à des régimes d'apparence démocratique aux règles flexibles et
libérales imposées par la classe d'affaires, dans
l'entreprise, cette dernière perpétue ce gouvernement
autocratique et absolu d'une main de fer. Le système
hiérarchique et politique de l'entreprise se divise en
trois catégories. La haute direction qui se destine naturellement à la classe dirigeante, la gestion intermédiaire
qui est chargée d'assurer la mise en place des décisions
de la haute direction et d'asservir la troisième catégorie : la main d'œuvre. C'est donc cette troisième catégorie que peuple principalement la classe égoïste. Cette
catégorie de travailleurs salariés qui permet la production, qui donne le plus d'elle-même opérationnellement
et qui pourtant profite le moins de la création de valeur.
L'argent étant naturellement moins disponible à cette
classe, elle va d'autant plus s'affronter en son sein pour
en disposer au détriment des autres. L'amoralité du
système exacerbée dans le microcosme de l'entreprise
va être le lieu de tous les crimes pour parvenir à ses
fins : avoir plus d'argent que son collègue. Il est conve-
nu que le but pour l'individu préoccupé par la sauvegarde de ses intérêts n'est pas de faire prospérer
l'entreprise, puisqu'il n'en tirera pas profit, mais de se
hisser dans la hiérarchie sociale ou pécuniaire, de préférence au détriment des autres. En cela, il n'aura pas à
cœur d'améliorer son travail, mais de manœuvrer habilement pour se rapprocher ou s'insérer dans la catégorie de la gestion intermédiaire. Intégrer cette classe induit donc une triple promotion. Pécuniaire en premier
lieu puisque cette classe, bien que peu productive, profite bien plus de l'argent distribué par la haute direction. Cette augmentation des moyens financiers servant

aux desseins maintes fois décrits. Sociale ensuite, parce qu'elle permet de se hisser au-dessus de la masse de la classe égoïste de manière positive et enviée. Elle est le symbole du succès de la malice. Elle permet enfin d'acquérir une respectabilité en sortant de toute activité productive. Pour ces motifs, la main d'œuvre, en plus de son travail productif, dépensera une énergie importante à rivaliser pour tenter de monter sur l'échelle de valeurs en dépit des autres.

La catégorie des gestionnaires intermédiaires, plus haut étage où l'ascenseur social peut conduire la classe égoïste, est celle qui est chargée d'appliquer le régime autoritaire imposé par la classe dirigeante pour maintenir la main d'œuvre sous contrôle. La hiérarchie d'acier mise en place a pour but d'essouffler toute velléité de la main d'œuvre tout en lui faisant espérer une promotion contre sa docilité. C'est cette catégorie de petits sergents surmotivés par la satisfaction de gagner sur le reste de sa classe et d'échapper partiellement à sa condition qui encourage la lutte fratricide à l'intérieur de l'entreprise, développe le régime de la terreur en précarisant les positions individuelles. Elle peut exclure de l'entreprise les individus les moins obéissants et promouvoir les plus soumis. Cette précarité ainsi que la lutte intestine qui transforme chaque collègue en délateur potentiel casse ainsi toute insurrection individuelle et empêche de fait les revendications collectives. C'est en récompense de ce travail de la catégorie des gestionnaires intermédiaires que la classe dirigeante lui octroie ce triple avantage. Contrairement donc à l'activité artisanale dans l'entreprise, le salaire n'est pas le reflet de la qualité ni même de la quantité d'activité productive. Il est le reflet de l'habileté politique, de la perversion des individus évoluant dans l'entreprise et de leur capacité à servir docilement la classe dirigeante.

Hors de l'entreprise, les moyens d'accaparement de l'argent n'obéissent pas plus à une logique d'artisan que dans les firmes. La cupidité naturelle de l'homme et le besoin exacerbé d'accumulation financière ont donné à l'activité indépendante une motivation de profit et non plus de production. L'objet de la création d'une activité indépendante a, en premier lieu, l'ambition de s'extirper de la condition de main d'œuvre que procure l'activité salariée et donc de s'élever dans la hiérarchie sociale. L'entreprise, instrument de la domination de la classe dirigeante, promeut immédiatement son propriétaire qui peut y trouver une voie vers celle-ci. Avec ce nouvel instrument, l'individu s'approprie pour son compte la création de valeur qu'il ne redistribue pas. Néanmoins, le retard que le nouvel entrepreneur acquiert dans la compétition rend toute montée au firmament quasi impossible. La création d'entreprises peut toutefois autoriser une place privilégiée au sein de la classe égoïste. La motivation est aussi pécuniaire puisqu'en s'attribuant une plus grande part de la valeur ajoutée et potentiellement celle créée par sa main d'œuvre, le nouvel entrepreneur peut augmenter sa capacité de consommation. Plus encore que l'avantage ostensible que ses capacités financières peuvent accorder, s'offrir de la main d'œuvre et créer une nouvelle société dont l'entrepreneur sera le maître est une source de satisfaction certaine. Le résultat de la production importe donc peu au nouvel entrepreneur. Il est beaucoup moins important que les profits sociaux que ce dernier peut en tirer et l'avantage compétitif dans la lutte.

La fixation des prix des marchandises et des salaires accordés ne dépend, dans ces nouvelles règles économiques, plus des coûts de production en eux-mêmes, mais de la maximisation des profits possible pour toutes les classes et catégories d'individus. La classe dirigeante aura à cœur de tirer le plus d'argent possible de la production en n'en versant que le strict nécessaire à la classe égoïste. Cette dernière n'aura pour objectif que d'accaparer le maximum des ressources rendues disponibles par la classe dirigeante dans une guerre amorale. L'entrepreneur, lui, n'aura comme objectif que de s'engouffrer dans des activités potentiellement profitables en tentant de maximiser son profit en diminuant autant que possible l'effort nécessaire à la production.

Dans cet accaparement de l'argent, hormis les revenus du travail, essentiellement tirés du travail salarié, la hausse des ressources peut venir de l'accaparement des prestations sociales à son profit. Tandis que la classe dirigeante se crée des niches fiscales, la classe égoïste s'octroie des prestations sociales. Créées au Moyen Âge, ces prestations sociales étaient à l'origine des coopérations entre les individus d'un même ordre pour assurer ensemble le risque d'une vieillesse improductive ou d'un accident affectant la capacité de production. Cette sorte d'assurance contre le risque de non-production s'est étendue à l'ensemble des individus, puis à différents domaines de plus en plus larges, l'ensemble de ces mesures développant l'État, dit providence. Nos sociétés ont compris que le capitalisme libéral où s'applique la loi du plus fort socialement et du plus riche au détriment des plus faibles et des plus pauvres, système comparable à celui de Darwin, peut plonger dans la misère une frange importante de la population. Elles ont développé le concept d'État providence qui permet aux plus faibles, par l'octroi de quelque argent, non pas de rivaliser dans la lutte égoïste, mais de survivre pour tenter de revenir dans la compétition. Ces prestations sociales sont critiquées par la classe égoïste en premier lieu parce qu'elles sont financées par un prélèvement sur l'ensemble de l'activité de celle-ci, mais surtout, car pour elle, ces transferts semblent fausser les règles du jeu qui veulent que l'argent soit la récompense d'une lutte empreinte de succès et non pas un moyen de subsistance. Les bénéficiaires de ces revenus sociaux, alors considérés comme tricheurs, sont ostracisés de la vie sociale et sont de fait exclus de la classe égoïste, car ne pouvant plus concourir. Ils rejoignent la classe marginale. Hors de ces aides de survie, l'État providence a développé un grand nombre de prestations sociales qui ont pour esprit de lisser les différences de réussites dans l'accaparement de l'argent ou de diriger la société en fonction des besoins. Ces prestations sont donc financées majoritairement par la classe égoïste et destinées à elle-même. En cela, elles sont l'objet de toutes les convoitises et voient les individus user de malice pour en accaparer la plus grande part. Bien que ces prestations soient souvent non nécessaires pour survivre, elles permettent un surcroît de consommation et de liberté.

Sous toutes ses formes, l'accaparement de l'argent est l'un des moteurs les plus puissants de l'action individuelle. Il permet également toutes les compromissions sociales et morales tant son objet est admis par tous. La compétition constante de la classe égoïste en vue de cet accaparement crée une dépense incalculable d'énergie qui sert non pas la société dans son ensemble, mais chacun de ses membres individuellement, souvent au détriment des autres. La fin justifiant alors tous les moyens.

VIII.
LE SALARIÉ ET L'ENTREPRISE

Le travail salarié est le moyen le plus usuel pour la classe égoïste de se procurer de l'argent. Formé dès l'école à sa condition de salarié, l'individu aura à cœur non pas de créer de la valeur pour s'affirmer dans un monde où il n'en tirera pas nécessairement profit, mais de mettre toutes ses ressources individuelles pour monter dans la hiérarchie et améliorer sa position sociale, notamment par l'accaparement de plus d'argent. Instituant le système d'accaparement de l'argent comme amoral, la classe dirigeante a encouragé la compétition individuelle en assouplissant les conventions et en substituant les règles du monde du travail aux préceptes moraux. Nécessitant plus de soldats que d'officiers, il est établi que seuls les plus méritants au sens de l'entreprise pourront grimper dans la hiérarchie et passer de la catégorie de la main d'œuvre à la catégorie des gestionnaires intermédiaires. Pour être méritant, il n'est pas nécessaire, voire complètement inutile, de développer des techniques et d'améliorer sa productivité. Il est clair que cette approche est toute bénéfique pour l'entreprise, mais elle l'est beaucoup moins pour l'individu. Pour progresser dans la hiérarchie, il faut se faire remarquer positivement auprès de la catégorie supérieure pour qu'elle accepte qu'un employé ordinaire puisse la rejoindre. Se faire remarquer positivement, c'est faire preuve avant tout de docilité et de dévotion envers ce qui est communément appelé ses « supérieurs ». Cet adjectif montrant à lui seul le poids de la réussite sociale dans la qualité des individus. Un supérieur est donc quelqu'un qui a une position hiérarchique supérieure dans l'organigramme et qui par conséquent a mieux réussi dans la société. Mieux réussi, car par sa position, il a le pouvoir sur un certain nombre de subordonnés et il accapare plus d'argent tout en fournissant une plus faible activité productive. Cela induit donc l'obtention, souvent forcée, du respect des « inférieurs ». Il convient alors logiquement pour tout individu de viser à devenir supérieur. Ceci devant se faire au détriment de ses semblables dans une lutte fratricide propre à la classe égoïste.

L'entreprise est donc l'instrument de contrôle et de profit de la classe dirigeante où se livrent les luttes particulièrement destructrices de la classe égoïste. Ces luttes sont d'autant plus rudes qu'elles ont deux dimensions. Il y a bien sûr celles qui consistent à promouvoir au-dessus des autres les plus dociles ou les moins scrupuleux, mais il peut aussi être question de sanctions pour les rebelles. Ces sanctions peuvent aller jusqu'à l'exclusion de l'entreprise, en dépit de toute considération productive, supprimant pour les moins soumis la source principale de leur revenu et davantage encore, leur statut social et faisant assimiler à l'individu qu'il est destiné à être un rouage anonyme d'une grande machine : l'entreprise. Travaillant pour le profit d'une classe dirigeante abstraite, la perte d'un emploi signifie en cela une perte d'identité et de statut puisque l'ex-salarié n'a d'autre statut social que la manière dont il se procure son argent. Pire encore, la nécessité de sa subsistance le rend alors dépendant des assurances et des prestations sociales qui sont considérées comme un moyen illégitime d'accaparer l'argent par ceux qui n'en ont pas besoin. Il convient par défaut, pour la classe égoïste, d'user de tous les moyens que l'entreprise permet pour se préserver d'une perte de son statut, ou mieux encore de l'améliorer.

Bien que l'entreprise soit la réunion de soldats œuvrant dans un but commun, celui de la classe dirigeante, les intérêts des protagonistes dans les rangs sont souvent contradictoires. Le salarié n'étant pas à son poste pour faire gagner l'entreprise, mais pour son propre intérêt, il s'activera à le privilégier, et ce même au détriment du groupe ou des partenaires de la compagnie. Cette réaction est d'autant plus logique que l'organisation valorisera non pas les performances productives qui contribuent à augmenter la valeur ajoutée globale créée par l'entreprise, mais les performances sociales individuelles. Acteur malheureux dans l'entreprise, la classe égoïste l'est aussi à l'extérieur. Malgré qu'elle soit cliente d'une grande partie de la production réalisée par l'industrie manufacturière, elle n'influe par ses comportements et sa logique que très peu sur l'activité de l'entreprise. Bien qu'elles soient incontournables dans notre société à de nombreux titres, les grandes entreprises sont, dans la théorie économique, en principe dépendantes de leurs clients. Néanmoins, la création d'immenses sociétés imposant de fait des oligopoles mondialisés s'adressant à des millions (voir des milliards) de consommateurs à travers la planète a rendu tout pouvoir de négociation des clients complètement fictif. Plus encore que par le déséquilibre entre le nombre d'acteurs de l'offre et de la demande, les motivations de consommation de la classe égoïste sont à la base de cette puissance incontestable des entreprises sur l'être humain. Comme il est maintenant

clair que la seule base de l'existence sociale est la consommation, elle devient non plus la satisfaction d'un
besoin, mais une nécessité impérieuse au sein de
l'entreprise. En microcosme, celui de l'entreprise, ce
village où tout le monde se connaît, se dévisage et se
juge, il est devenu obligatoire de marquer sa supériorité
par ses apparats. Ces attributs somptuaires sont censés
affirmer ou rappeler une hiérarchie établie par
l'organigramme de l'entreprise ou recherchée par certains employés sur les autres. Chez les hommes, le cos-
tume-cravate est donc le symbole de la catégorie dans
l'entreprise et de la classe à l'extérieur. Il doit permettre
à son porteur de se placer dans l'échelle de valeurs et
d'acquérir le respect qui lui est dû, en principe. En cela,
ils sont le reflet d'un certain code où chaque individu a
le sien, et ce costume varie en fonction des matières uti-
lisées, de la coupe, de la marque, et en résumé : du prix.
La valeur d'un individu et son degré de respectabilité
s'établit alors en fonction du prix affiché ou ressenti de
son costume. Bien qu'il soit « l'outil » de base du travailleur moderne, le costume sert aussi à l'extérieur de
l'entreprise à afficher une certaine classe. Il représente
la classe dirigeante. C'est par cette représentation histo-
rique de la classe dirigeante que les héritiers de la classe
inférieure singent leurs maîtres sans toutefois en avoir
en réalité les attributs sociaux. C'est par la normalisation sociale de cette singerie que l'expression « avoir la
classe » signifie être bien habillé, sous-entendant que la
classe -supérieure- dont on imite ponctuellement les
apparats, se vêtit de manière plus qualitative que la
classe à laquelle on appartient.

Le costume est le symbole en lui-même de
l'évolution de la société. À l'époque de la révolution industrielle où la classe inférieure travaillait dans les

usines dans des complets bleus, l'habit en lui-même marquait une différence sociale entre ces ouvriers en bleu et les cols blancs en costumes trois-pièces. Le costume est, à cette occasion, l'accessoire ultime de la classe dirigeante pour s'élever de la classe inférieure. Par sa conception, ses matériaux, sa coupe, sa fragilité, le costume trois-pièces interdit tout effort physique sous peine de le dégrader fortement. En cela, il est incompatible avec toute activité productive telle que celles dans les usines. Il permettait visuellement à son porteur de s'afficher dans la société comme un non-travailleur. Alliée à une transition du salariat d'usine vers le salariat de bureau, la tentative d'émancipation de la classe inférieure a permis de banaliser ce costume dans les entreprises, majoritairement productrices de services. Les employés de bureau purent s'affirmer comme travailleurs non productifs à l'instar de leurs chefs réels et réaliser naturellement les (fausses) promesses de promotion sociale que la classe dirigeante leur a vendues contre leur docilité au nouveau système. Ainsi, tous parés de costumes, la différenciation entre les catégories et les classes ne se prononce guère sur l'habit en lui-même, mais les subtiles différences qui font l'échelle de valeur de l'objet comme de l'individu. Toutes ces différences se rapportant de près ou de loin au premier critère discriminant : L'argent.

Poussant ce système à son paroxysme, la reconnaissance suprême de l'habit en entreprise est de pouvoir, dans les grandes corporations, ne pas être vêtu d'un costume. Symbole de respectabilité aux yeux du monde, le costume est devenu un accessoire obligatoire du travailleur de bureau. Bien qu'il n'apporte aucun avantage productif, si tant est que le travailleur produise effectivement quelque chose, il devient obligatoire sous peine de sanctions sociales dans l'entreprise, qui se traduisent par un moindre respect de la part de ses homologues ou par une condamnation de la hiérarchie. En cela, avoir la possibilité hiérarchique et sociale de s'émanciper du costume devient, paradoxe ultime, le symbole de son appartenance à la classe supérieure.

Quoique le concept de classes sociales se rapporte à des masses humaines, il se trouve aussi des classes d'entreprises différentes. Il est difficilement concevable d'englober dans un tout indifférencié, un artisan travaillant seul et une multinationale employant un million de personnes. En cela, nous pouvons distinguer, à l'instar des classes sociales, trois classes d'entreprises : les grosses entreprises, notamment celles composant les indices boursiers comme le CAC40, le SMI ou le NASDAQ qui pourraient s'apparenter à la classe dirigeante, les entreprises de tailles intermédiaires, parfois plurinationales ou sous-traitantes des premières, et les petites entreprises qui ont un poids négligeable dans le concept, car intimement liées à la classe égoïste. À l'image de la hiérarchie sociale entre les individus, il s'opère une distribution entre les entreprises et s'installe une sorte de « lutte des classes » entre elles. En haut de la pyramide s'installent ces grandes multinationales qui par leur puissance financière et humaine dictent la direction des marchés comme elles édictent le comportement des consommateurs. Ensuite, en sorte de classe moyenne d'entreprise, les entreprises intermédiaires sont prises en étau entre la relative trop petite taille pour devenir des dirigeantes auxquelles elles s'opposent par les règles du marché ou dans une guerre froide, et leur trop grande taille pour rester des leader de niche qui agissent en collaboration avec les dirigeantes ou s'en affranchissent en luttant dans une tout autre dimension. À l'instar du monde des Hommes, l'entreprise se voit attribuer une position hiérarchique basée sur ses ressources financières et humaines. C'est ce pouvoir qui va lui permettre de définir sa place dans les jeux et de négocier ses rapports avec les autres entreprises en fonction de ses aspirations. Les entreprises intermédiaires sont contraintes de grossir si elles veulent devenir dirigeantes, stratégie très risquée, s'inféoder à un grand groupe notamment comme sous-traitant, ou fuir la lutte en trouvant un marché de niche. L'entreprise dans son univers reflète les mêmes problématiques que celle propre à l'individu égoïste dans la société. Néanmoins, tandis que l'individu égoïste n'a que peu de chance de transcender sa classe, l'entreprise intermédiaire aura comme salut pour rejoindre le firmament des grandes entreprises dirigeantes de créer une marque qui lui assurera le soutien humain et financier inconscient de la masse égoïste.

IX.

LES MARQUES, LES MODES ET LA CONSOMMATION

Les valeurs traditionnelles ayant disparu avec la vieille classe dirigeante qui les avait instituées, les nouveaux maîtres ont dû instaurer une échelle de vertus inédites servant les intérêts du nouveau système. Pour que l'accaparement de l'argent trouve une finalité, mais surtout qu'il perde toute limite, il a fallu développer un mécanisme qui permette de formaliser l'acquisition de l'argent en valeurs et donner une échelle d'appréciation à ces valeurs communes à tous. La consommation va transformer l'argent en valeur et les images de marque vont en symboliser l'échelle.

Dans les premiers temps de la civilisation, le moteur de toute action productive, se résumant souvent à l'extraction des ressources naturelles de la terre, était la satisfaction d'un besoin. Avec le développement des savoir-faire humains, l'amélioration des techniques permit d'extraire de la nature toujours plus de ressources jusqu'à dépasser la seule satisfaction des besoins primaires. Choisissant de continuer de produire pour un meilleur confort de vie en satisfaisant des besoins secondaires au détriment d'un plus grand temps de loisir, l'Homme primitif a décidé de son modèle de développement, qui perdure encore, et qui est à l'origine de cette philosophie de consommation. Les savoir-faire devenant de plus en plus importants et complexes, dès les premiers siècles de la civilisation les Hommes se sont spécialisés dans un domaine de production et ont appris à être de plus en plus efficaces tant individuellement dans leur spécialité que collectivement en s'échangeant les biens directement entre eux. L'excès de production a induit l'augmentation du confort en diminuant, parfois jusqu'à éliminer la charge de travail productif d'une certaine catégorie de gens : la classe dirigeante. Cette classe a pu s'exempter de toute activité productive en vivant sur le surplus de production des autres membres de la communauté, la classe inférieure, tout en développant une légitimité sur des critères non productifs. Le développement inédit des sciences, des techniques, des savoirs et des savoir-faire a permis d'augmenter considérablement la productivité et de réduire d'autant la proportion du travail directement dédiée à la satisfaction des besoins de survie. En effet, avant la révolution industrielle, un paysan produisait de quoi nourrir quatre à cinq personnes. Aujourd'hui, un agriculteur en fait vivre au minimum vingt. Paradoxalement, cette augmentation de la richesse produite n'a pas profité pour majorité à la classe productive qui acquiert par l'occasion très justement son nom de classe inférieure, mais à la classe dirigeante. La part supplémentaire de production non dédiée à la satisfaction des besoins primaires a néanmoins considérablement grossi en 5000 ans et davantage encore depuis un siècle. Cet état de fait est d'ailleurs représenté dans la répartition des métiers. Une part de plus en plus faible des travailleurs est affectée à des tâches directement productives de biens et de services répondant à des besoins primaires. En revanche, Une part toujours plus grande de travailleurs s'affaire à travailler pour satisfaire des besoins toujours plus hauts sur la pyramide, sans pour autant y trouver une plus grande satisfaction humaine. La classe dirigeante ayant créé une véritable économie de l'inutile.

Bien que les prélèvements sur la surproduction par la classe dirigeante soient injustement élevés, ils laissent un surplus qui, avec le temps et les révoltes inutiles de la classe inférieure, a ouvert l'opportunité d'une consommation répondant à un besoin social et non plus uniquement de (sur)vie. Le partage d'une partie supplémentaire de la valeur ajoutée avec la classe inférieure par la classe d'affaires pour prendre le pouvoir par adhésion de cette première et détrôner la vieille classe a engendré le besoin de créer une nouvelle consommation afin de récupérer par plus de profits à long terme la part cédée. Ce surplus de production et donc d'argent a fait se développer de nouveaux besoins s'éloignant de plus en plus des nécessités vitales. Ces dernières décennies ont vu une modification profonde des tenants et des aboutissants de l'acte de consommation. La satisfaction des besoins allant plus vite que la création des nouveaux malgré la célérité de la classe dirigeante à noyer les esprits dans la consommation de masse inutile, il a fallu créer un nouvel instrument de différentiation positive et de valorisation matérielle de l'accaparement de l'argent. Il s'agira de développer et de diffuser des symboles représentant ces différentiations. Ça sera le rôle des marques. Ces marques sont des repères institués par les grandes corporations pour hiérarchiser leurs produits et leur donner une échelle de valeurs. Donc, pour un produit répondant à un besoin identique, certaines marques seront très valorisées socialement, tandis que d'autres le seront beaucoup moins, ou pourront même être infamantes. Il convient alors, non plus d'acquérir un produit donné, satisfaisant déjà un besoin social et non plus vital, mais d'acquérir un produit d'une marque donnée. Une marque qui mettra en valeur son propriétaire de par l'image de la griffe en total désintérêt des qualités intrinsèques du produit. Ce désintérêt est tel que les firmes proposent parfois la même marchandise sous des marques différentes et justifient ainsi un écart conséquent de prix pourtant injustifiable au regard du produit en lui-même. Car il est vrai que la respectabilité d'une marque est intrinsèquement liée au coût de son acquisition et dans une moindre mesure aussi à la qualité du produit.

Les marques qualifient et quantifient les nouvelles valeurs du système. Elles sont la représentation de valeurs universelles comme le bien, la liberté, la générosité, le succès social, l'amitié, etc. Mais leur omniprésence en symbole au détriment de la mise en lumière du message en lui-même finit par inverser les ordres de valeurs auprès d'une population plus habituée aux produits qu'aux valeurs sous-jacentes. La liberté, symbole de l'émancipation de la classe égoïste, qui l'a poussé à rejeter des siècles de soumission par l'espoir que suscitait un nouveau système, fut bien entendu récupérée par l'industrie et elle a immédiatement enchaîné l'exercice de cette (pseudo) liberté à un acte de consommation. En langage marketing, il faut consommer pour être libre. Mais plus loin encore dans cette logique qui n'en finira plus d'automatiser des réflexes d'aliénation des masses suiveuses, la consommation qui s'opérait dans le but d'être libre est petit à petit devenue un acte qui s'est suffi à lui-même, inversant alors les rôles. La consommation est devenue un but en lui-même, but qui induit la valeur. On ne consomme plus pour être libre, mais on consomme pour le plaisir de consommer, ce qui nous rend libres. Les valeurs que représentaient les produits sont indirectement liées à leur fonction de base. Par exemple, la liberté fut très vite associée à l'automobile puisque cette dernière permit de s'affranchir des contraintes des distances et du temps passé à les parcourir. Remplaçant avantageusement la voiture à cheval, elle fut assez vite adoptée, permettant une ouverture de chaque village et de chaque individu sur le monde. C'est cette victoire sur la contrainte spatio-temporelle qui peut sans mal justifier l'acquisition d'une automobile. Mais l'adoption de masse est difficile, faute de répondre à un besoin vital et par l'existence de moyens alternatifs et pertinents. Il a fallu alors ériger l'automobile en symbole de liberté sociale. La voiture individuelle ne permet pas seulement de voyager plus loin et plus vite, elle permet surtout de le faire en s'affranchissant de toute contrainte sociale qu'induit l'utilisation des transports en commun, et autorise également à affirmer, par l'objet en lui-même, l'ouverture de possibilités que d'autres n'ont pas. La voiture individuelle devenant non plus le symbole de son utilité, mais d'un mode de vie davantage favorisé, donc plus libre. Pourtant, l'adoption de masse de la voiture et les nombreux inconvénients lui incombant ont annihilé la valeur liberté qu'elle devait symboliser. En effet, une automobile inflige à son propriétaire de l'entretenir à forts coûts, de la nettoyer, et pour son utilisateur de l'assurer et de la stationner. Autant de contraintes qui aliènent autant qu'elles libèrent. Entretemps, devenue objet non plus utile mais nécessaire, l'industrie a dû réassocier la valeur de liberté à l'automobile. On n'achète plus une voiture pour la liberté puisqu'en réalité elle nous aliène. Mais l'achat de certaines voitures peut nous rendre libres parce qu'elle a des qualités vantées par son vendeur que d'autres n'ont pas. Il n'est même plus question de savoir si l'on doit acheter une voiture pour être libre, mais laquelle nous donnera le plus le sentiment de liberté. On les fait en cela moins imposantes pour pouvoir mieux rouler en ville même si rationnellement le meilleur moyen de circuler en agglomération n'est de loin pas la voiture. On les fait moins gourmandes en carburant pour permettre de nous faire rouler plus loin alors que d'autres transports sont de toute manière davantage endurants. On nous augmente le confort même si conduire restera toujours moins agréable que de se faire conduire, etc. La consommation étant devenue une évidence impérieuse, il faut y rattacher une valeur pour justifier l'acquisition d'une marque et la surprime dans le prix de vente. Le volume d'argent nécessaire à l'acquisition d'un bien définissant indirectement le mérite social de l'acquéreur en plus d'être le reflet de l'obtention de la liberté, la marque se devra de cultiver une véritable discrimination par le prix pour renforcer le sentiment de supériorité sociale. L'automobile est une illustration sensée de la modification de l'association valeur / produit / consommation, car elle démontre l'évolution de la hiérarchie entre les trois notions en passant de la satisfaction plus ou moins logique et naturelle d'une production, faite pour elle, à la consommation complètement déconnectée de cette satisfaction du besoin et irrationnelle dans l'acquisition du produit. Mais la liberté, valeur qui poussa l'adoption de masse de l'automobile, a été également utilisée pour justifier la consommation de produits qui n'ont a priori aucun rapport. Que ce soit les sodas ou les cigarettes, les marques ont sciemment associé la liberté dans l'esprit des masses pour justifier de la consommation d'un produit qui paradoxalement les aliène (addiction). Plus encore que la liberté physique, c'est la liberté sociale que ces industries ont promue pour légitimer la consommation du produit. Je ne consomme plus seulement pour être libre, mais la consommation va m'apporter un avantage social. Au final, pour pouvoir faire état de sa liberté, on doit s'aliéner à une société. La consommation devra nous permettre de s'imposer positivement dans la société.

La qualité d'une marque est la quantité d'un certain avantage social qu'elle va nous apporter. Peu importe la qualité d'une automobile ou sa capacité à satisfaire notre besoin (réel ou imaginé), la qualité sociale de sa marque va être le premier critère qui va motiver l'achat. C'est aussi cette qualité sociale qui va définir la surprime que le consommateur va accepter de payer. Dans un cercle vertueux pour les marques et les capitaines d'industrie qui les développent dans l'inconscient collectif, une surprime importante va induire une marque aux qualités sociales importantes et inversement. Cette logique destructrice pour la classe égoïste va en réalité être une des principales armes dans sa lutte fratricide. Dans un système où la discrimination communément acceptée est l'argent, une catégorisation des marques par leur coût d'acquisition permet par essence de créer une ségrégation entre ceux qui ont assez d'argent pour l'acquérir et ceux qui n'en ont pas, en fonction du prix. La marque devient en cela pour la classe égoïste la symbolisation d'un prix et donc d'un mérite social. L'explosion de la contrefaçon, autant illégale que parfois légale, car organisée par les marques elles-mêmes, est en cela le reflet flagrant de cette suprématie de la marque sur les qualités du produit. Dans son besoin de rivalité et de se montrer socialement supérieur à ses pairs, la classe égoïste va développer trois réactions. La première, celle des plus prédateurs, sera d'amasser toujours davantage d'argent pour s'offrir des marques toujours plus exclusives ou plus nombreuses qui les feront monter dans la hiérarchie sociale. L'affichage ostensible et exclusif de ces marques dans l'environnement social doit imposer le respect de ceux qui en sont dénués envers celui qui a réussi à les acquérir. Le moyen ici n'étant pas en question, seul l'est le résultat, démontrant encore une fois l'amoralité du système. L'immoralité que certains individus réprouvent ne les préserve souvent pas du sentiment de jalousie. La deuxième est d'obtenir les marques sans pour autant le faire par un accaparement de l'argent. Il s'agira de s'approprier les marques sans en gagner le mérite pécuniaire, mais par malice. Dans la plupart des cas, cette malice se traduira par l'acquisition de contrefaçons, des produits portant la marque ou son évocation forte, qui pourtant ne possèdent pas les caractéristiques du produit original. Les marques l'ayant bien compris, elles ont elles-mêmes organisé la filière de la contrefaçon en griffant de leurs marques des produits de basse qualité et en les offrant à un prix inférieur aux standards tarifaires de la marque. La seconde méthode consiste à développer des filières à la limite de la légalité pour acquérir à bas coûts les produits sans payer la surprime de la marque via les filières de distribution traditionnelles. Enfin, la troisième réaction de la classe égoïste pour l'accaparement des marques consiste à en réduire le volume global de consommation. L'argent disponible sera en cela réparti entre moins de consommation, mais celle-ci sera tournée vers des marques. Cette suprématie de la consommation sociale sur la consommation nécessaire se concrétise dans cette réaction de la classe égoïste. Elle pourra amputer ses budgets consacrés à la consommation vitale comme la nourriture pour maintenir la consommation des marques qui lui sont chères. Ainsi, les postes de dépenses ne participant pas à la lutte sociale peuvent être amputés au profit de ceux qui y participent.

Le développement des marques et de leur nouvelle utilité sociale a été accompagné par une profonde mutation de la fonction de l'emploi salarié dans la société. Dans l'économie relativement fermée qui a prévalu jusqu'à la révolution industrielle, la classe inférieure produisait essentiellement manuellement les biens qui servaient à sa consommation. C'est cette masse de travailleurs qui est désignée par les « cols bleus ». En symbole d'émancipation, la classe inférieure en devenant classe égoïste s'est progressivement écartée des activités réellement productives dans les usines pour tenter d'imiter leurs maîtres en montant dans les bureaux et en troquant le bleu contre le blanc. Ces activités purement productives ont été délocalisées avantageusement à court terme vers les pays moins avancés économiquement et socialement. Devant trouver des activités justifiant le partage de la valeur, la classe dirigeante a créé de nouvelles activités essentiellement dans la communication et dans une nouvelle discipline que l'on désigne par marketing. Ces enfants d'ouvriers croyant avoir gagné une respectabilité en déchirant le bleu de travail pour revêtir un costume précieux auront en charge de développer et de diffuser dans la population, y compris pour eux-mêmes, la nouvelle échelle de valeurs que la classe dirigeante a développée pour guider à son profit les activités de la classe égoïste. C'est elle-même et contre elle-même que la classe égoïste va s'enchaîner à cette échelle de valeurs qui va alimenter une rivalité sans fin et sans vainqueur, sinon la classe dirigeante. La suprématie des activités de communication et de marketing sur l'activité d'ingénierie et de production s'est développée parallèlement à la substitution de la satisfaction des besoins vitaux par la satisfaction des besoins sociaux. En cela, plus une marque suscite de reconnaissance sociale, plus elle répond au besoin de la classe égoïste. Le secret de la valeur de la marque réside dans l'efficacité de la stratégie de communication et de marketing sans que les qualités intrinsèques du produit ne soient à aucun moment mises en question.

Le vieux monde, sobriquet par lequel on pourrait nommer les inventeurs du système mondial que nous connaissons et qu'on pourrait résumer à ce qu'on appelle faussement l'Occident, est à l'origine de cette transformation du monde et a donc pu, par cette expérience, développer de grandes corporations et renforcer des marques parfois multicentenaires. Accélérant de manière exponentielle les cycles de consommation, la classe dirigeante a complètement délaissé les notions de qualité produit au profit des notions de qualité sociale. Les entreprises peuplant les grands indices boursiers internationaux sont devenues des fabricants de marques davantage que des fabricants de produits. La spécialisation du monde a réservé la production de valeurs au vieux monde tandis qu'elle a relégué avec mépris la production matérielle aux pays dits du tiers-monde, la classe égoïste ne voulant de toute manière plus travailler à quelconque production dans des usines. L'Asie du Sud-Est est ainsi devenue « l'usine du monde » ou l'usine d'un monde qui ne veut plus produire, sinon des marques. Cette usine continentale qui fabrique les biens répondant à nos besoins vitaux n'est néanmoins pas aussi réceptive que l'Occident aux besoins sociaux et la peine qu'a la classe dirigeante à leur faire assimiler ces nouveaux besoins et donc à acheter ses marques, crée des déséquilibres de moins en moins tenables pour de vieilles économies qui produisent de moins en moins de biens tout en consommant de plus en plus.

Pour pouvoir perpétuer le système tout en donnant le sentiment à la classe égoïste de progresser, il a fallu donner des armes à cette dernière pour que ses membres puissent s'entretuer. Cette fourniture d'armes est d'autant plus cynique que c'est la classe dirigeante qui la permet et en tire profit. Elle a créé la rivalité par la consommation en volume, puis la rivalité par la consommation en valeur (par les marques). Mais consciente de la limite d'exploitation et du coût de la diffusion d'une marque aux masses, il lui fallait créer un concept qui permette de faire consommer à rythme régulier un produit sans qu'il réponde à un besoin ni réel ni social. Pour illustration, un consommateur peut acheter une Dacia pour répondre au besoin de se déplacer, une Audi pour le besoin de paraître, la meilleure des Ferrari pour montrer qu'il a ce qui se fait de plus performant et de plus cher, mais il aurait alors atteint une limite. Cette limite sera repoussée par le phénomène de mode. Sans rien ajouter au produit, une marque pourra renouveler le besoin des consommateurs en produisant et en « marketant » une nouvelle série qui obligera le consommateur à renouveler sa dépense en entier (voire plus) pour à nouveau avoir « LE » dernier modèle. La meilleure (ou dramatique) illustration de ce phénomène est sans nul doute due à la société Apple. Son téléphone mobile, l'iPhone, sort tous les 18 mois environ. Néanmoins, pour encourager de nouveaux achats inutiles (le téléphone peut encore fonctionner après 18 mois d'utilisation), Apple produit à mi-parcours une version strictement identique au modèle de base sinon qu'il arbore une couleur blanche au lieu de noire. Pour réussir dans la compétition égoïste, il faudra acheter le dernier modèle sorti pour gagner la compétition technologique (pécuniaire) et la victoire sociale qui en découle. Sortir un iPhone de sa poche donne envie, car il est cher et donc mieux. Surtout si c'est le dernier modèle.

La mode, concept abstrait et savamment géré, permet de faire consommer un produit que ni le besoin réel ni la concurrence pécuniaire n'imposent. Elle est orchestrée par la classe dirigeante et largement diffusée à la population par les médias. Il est nécessaire de connaître les modes pour ne pas être ostracisé au nom du bon goût. Un refus des modes signifie par conséquent une exclusion de la majorité sociale et de fait de la société. Il convient alors pour les individus de s'informer via les canaux dédiés et consommer dans les délais octroyés pour rester au diapason de cette société. Ces modes, largement répandues, entraînent des phénomènes de masse qui en plus d'exclure ceux qui ne les suivent pas, les empêchent de toute consommation utile. La mode, créneau générateur de ventes de masse à forte marge, pousse les industriels à plus ou moins vite s'y engouffrer, privant ainsi d'une offre cohérente les consommateurs qui souhaitent répondre à un besoin rationnel hors mode. Cyclique, car devant par nature se renouveler selon les capacités d'achat maximum de la population, la mode naît, se développe et meurt comme suit. Au début, la mode naît de l'initiative de vecteurs de culture ou raisonnements poussés à leurs paroxysmes, de couverture dans les médias sans alibi culturel ou artistique. Une mode c'est avant tout quelque chose qui est largement, mais subtilement distillé dans le peuple. La nouvelle mode annoncée, d'abord à dose homéopathique, est ensuite ouverte à un petit nombre de consommateurs privilégiés dans la compétition sociétale et qui pourront, moyennant une surprime importante, montrer qu'ils sont « à la mode » avant les autres. Elle est vendue au public via un petit nombre d'intermédiaires savamment sélectionnés pour leur caution « mode » qui crédibilisera cette dernière. Sautant sur un nouveau filon, la nouvelle mode se démocratisera et se répandra à grande échelle. Cette mode qui donnait un avantage aux premiers à s'y conformer n'est plus un signe de distinction valorisante et perd progressivement de son intérêt. Le point de rupture survient lorsqu'il n'est plus un avantage d'avoir un certain produit, mais un handicap de ne pas l'avoir. La mode s'étant largement répandue dans le public, elle n'est plus un avantage, et ceux qui étaient les pionniers de l'ex nouvelle mode vont se tourner vers un nouveau phénomène pour gagner un nouvel avantage sur la masse. Ces « leaders d'opinion », ces faiseurs de mode, envoyant le signal qu'il va falloir migrer vers quelque chose de nouveau, fait progressivement délaisser l'ex nouvelle mode par la masse pour la pousser vers la nouvelle « nouvelle mode » où à l'instar de la nouvelle, ils auront pris un coup d'avance... Et ainsi la boucle est bouclée.

En dehors des cycles courts où une mode chasse l'autre, il est à noter que les modes se recyclent tous les vingt à trente ans, l'espace d'une génération. Il est amusant pour les anciennes générations de voir leur descendance s'émouvoir autour d'une mode nouvelle qu'elles ont pourtant connue trois décennies auparavant. Il y a, bien évidemment, des nuances et une évolution technologique. Mais le but premier de la mode étant de générer des profits pour la classe dirigeante et d'aliéner la classe égoïste par une lutte intestine sans fin, l'attachement à des valeurs qui ont fait leurs preuves, mais qui sont sorties de la mémoire collective, est un excellent point de départ pour un nouveau succès et n'incite donc pas à innover.

X.
LA CLASSE ÉGOÏSTE ET LA MONDIALISATION

C'est la mondialisation qui a permis l'apogée de la classe égoïste. C'est elle qui a permis, dans les premières décennies de l'après-guerre, de faciliter l'acquisition de l'argent par la classe égoïste en diminuant de manière étonnante sa contribution productive. Elle lui a en cela octroyé une consommation complètement déraisonnée et normalisée tout en lui offrant l'opportunité de se constituer un capital, souvent sous forme immobilière. Cette mondialisation initiée par la classe dirigeante, déjà au Moyen Âge ou au XIXe siècle, a été poussée à ses limites à partir des années 1960 sous l'impulsion des capitaines d'industrie et avec les encouragements intéressés de la classe égoïste qui y a vu très vite son intérêt à court terme. Cette mondialisation n'est en effet pas nouvelle. Elle a même commencé avec la République romaine quelques siècles avant notre ère. Basée sur l'accaparement des richesses des nouveaux territoires conquis, la prospérité de la république n'a pu se maintenir qu'au prix de l'acquisition de toujours plus de terres et de matières premières (or ou esclaves par exemple). C'est à cette impérative condition que Rome pouvait financer toute une société non productive. Cette nécessité intemporelle de l'acquisition du travail des autres pour son propre compte sera d'ailleurs la principale cause de la chute de l'empire quand il ne trouvera plus de territoires à conquérir. Moins loin dans l'histoire, Jean-Baptiste Colbert développa la doctrine : « Importer peu, exporter beaucoup » stimulant le commerce international, notamment avec le Nouveau Monde de l'époque, important des matières premières à bas prix contre des spécialités (devenues) françaises à fortes valeurs ajoutées comme la dentelle ou la verrerie. L'accaparement du travail d'autrui par le jeu de la guerre ou du commerce est donc un vieux réflexe humain.

Comme en ont appelé de leurs vœux dans de saines intentions les pères du libéralisme, le commerce s'est étendu de manière mondiale et globale, et les guerres géographiques et politiques se sont transformées en guerres commerciales et financières. La multiplication des échanges et l'augmentation vertigineuse de leurs distances et de leur volume ont développé une spécialisation de plus en plus poussée. Ressuscitant une certaine forme de Colbertisme, le commerce international a consisté à partir des années 1960 à exporter, non plus une production à forte valeur ajoutée contre des matières premières, mais à exporter le travail productif, quasiment sans contrepartie. L'émancipation de la classe égoïste ayant rendu le travail à l'usine très peu intéressant et de plus en plus coûteux pour les capitaines d'industrie, il a fallu trouver de nouvelles sources de main-d'œuvre à bas coût pour abreuver la classe égoïste de produits toujours plus inutiles et en apparence moins chers. L'immense réservoir de population de l'Asie du Sud-Est a ainsi été le salut d'entrepreneurs aussi courageux que peu scrupuleux. Ce relais de croissance a permis de produire à très bas coût et de vendre cher à une classe égoïste hystérique de consommation de plus en plus sociale, tout en accroissant les profits de manière spectaculaire. Ces populations de travailleurs encore vierges de toute nécessité sinon celle de leur subsistance permirent leur exploitation par des industries du vieux monde à leur profit autant qu'à celui de la classe égoïste. Développement ironique de l'histoire, les grandes révoltes ouvrières des XIXe et XXe siècles qui permirent l'émergence de cette nouvelle classe ont paradoxalement fait endosser le poids des chaînes de l'exploitation productive à une nouvelle classe inférieure, cette fois-ci en Asie.

Dans son désir chimérique de rattraper la classe dirigeante en tentant de copier ses apparats, la classe égoïste a profité de ce prodigieux accroissement indirect de productivité offert par la mondialisation pour se constituer un patrimoine inédit dans l'histoire. Voulant imiter le châtelain sur son domaine et les pouvoirs qui lui sont associés, la classe égoïste s'est attachée à devenir propriétaire de son lieu de vie et à sanctifier le concept de propriété privée, notamment par la loi. Plus encore que la mise à disposition de biens finis en contrepartie de peu de travail, la mondialisation a également permis d'accaparer les matières premières quasiment sans compensation. Ces réquisitions conjuguées permirent de construire des maisons qu'une inflation judicieusement contrôlée offrira de financer gracieusement. Inflation qui permettra de plus de réduire, par jeux d'écritures, les contreparties offertes au tiers-monde. Ces nouveaux propriétaires fonciers s'attacheront ensuite à faire fructifier leurs biens par une inflation quasi nulle et par une normalisation des plus-values de cession au détriment des nouvelles générations bientôt incapables de devenir propriétaires malgré les efforts de toute une vie. La mondialisation a donc permis de faire supporter l'effort jadis réclamé à la classe égoïste par la classe d'affaires pour l'aider à imposer un nouvel ordre social, non pas à cette dernière, mais à une nouvelle classe inférieure, essentiellement dans le tiers-monde. Bien que la classe égoïste n'ait pas consciemment déclenché la délocalisation de l'effort, son désir avide de plus de consommation et sa répulsion toujours plus grande pour le travail productif ont encouragé la classe dirigeante à pousser davantage cette logique irrationnelle pour son plus grand intérêt, mais au détriment de celui des générations futures.

La mondialisation a ainsi permis une délocalisation du travail productif sans pour autant à en avoir à supporter les coûts. Néanmoins, pour pérenniser ce système, il faudra transférer la valeur non pas dans le produit en lui-même, mais dans des considérations plus abstraites. C'est la technologie qui dans un premier temps concentrera la valeur. Par les révolutions industrielles, le vieux monde a pris un ascendant technique et technologique qu'il échange indirectement au tiers-monde, moins développé, contre sa main-d'œuvre. Il développe des techniques et des produits que les usines asiatiques seront chargées de fabriquer contre une infime partie de la valeur totale. C'est en cela que les vieux pays développés ont multiplié les innovations technologiques pendant des décennies, suivant les recommandations de Schumpeter, qui leur ont permis de garder l'ascendant sur les ambitions des élites des pays moins développés. C'est par cette évaluation complètement disproportionnée de cette avance technique que l'accaparement de la valeur ajoutée a pu se faire au détriment de l'effort productif. Se développant pendant des décennies depuis l'après-guerre, la consommation et la valeur ajoutée par l'évolution et la supériorité technologique vont, dans les années 1990, nécessiter un nouveau relais de croissance. Les besoins de consommation que cette technologie va susciter et le développement de centre d'ingénierie dans ces pays-usines vont demander une nouvelle délocalisation de la valeur ajoutée dans la répartition de celle-ci. Cette nécessité devient impérieuse lorsqu'émergeant, les pays du tiers-monde renégocient le partage de la valeur. Ce besoin est d'autant plus pressant que les innovations se développent plus vite que les besoins, menaçant de gripper la mécanique céleste que la classe dirigeante s'est employée à mettre en place depuis les années 1950. À l'instar de la production, la recherche va ainsi se partager et probablement se déplacer vers les pays émergents. Il va conséquemment être question de concentrer la valeur sur les marques. Les marques, propriétés intellectuelles quasi inaliénables des grosses entreprises occidentales, permettent de capter la valeur de la production et de la technologie pour la conserver dans les vieux pays développés. Néanmoins, tandis que l'ancien partage du captage de la valeur de la production se faisait à peu près équitablement avec la classe égoïste, le nouveau partage de la valeur marque est clairement moins équitable. En premier lieu, tandis que la recherche coûte cher et nécessite de brillants cerveaux qu'il faut rémunérer, la création d'une marque et le travail marketing et communicatif coûtent, eux, bien moins cher et nécessitent moins de cerveaux. Ensuite, alors que l'augmentation et le captage de valeur engendré par une production pouvaient être limités à la qualité technologique de celle-ci, la qualité sociale d'une marque est potentiellement illimitée et le partage du gâteau, toujours plus grand, est fait selon les bons sentiments de la classe dirigeante. Enfin, les pays du tiers-monde devenus émergents réclament une juste contribution pour la main-d'œuvre, les technologies et les matières premières.

Le partage de la valeur est donc de moins en moins avantageux pour la classe égoïste. En premier parce que l'industrie a moins besoin de cerveaux et accorde, selon la loi du marché, une part moins importante de la valeur à rémunérer ces cerveaux. Enfin parce que la valeur marque est échangée à cette classe égoïste contre plus d'argent que la valeur technologique. Devenue échelle sociale, la marque est échangée en contrepartie d'une somme d'argent représentant le respect qu'elle inspire et réciproquement, donnant à la théorie de Veblen tout son sens. Il s'agit au final pour la classe dirigeante d'accaparer toujours davantage de la « création de valeur » en délocalisant sa source. Leur part restant dans une certaine constance, l'augmentation des revendications des pays émergeant se fait à double titre aux frais de la classe égoïste. Cette mondialisation qui a apporté des biens en quantité en échange d'un effort quasi nul, est devenue la cause de la rareté de l'argent et d'une plus grande rivalité interne à la classe pour en accaparer toujours plus dans un gâteau qui rétrécit. Ce sentiment de pauvreté relative est d'autant plus fort pour les nouvelles générations, relève de la classe égoïste, qu'elles sont toujours bien plus favorisées que l'étaient leurs grands-parents. La désillusion vient du fait qu'ils le sont beaucoup moins que leurs parents qui, en se gavant, ont hypothéqué sans s'en soucier l'avenir de leurs enfants.

XII.

LA POLITIQUE ET LES POLITICIENS

La politique, c'est la science du pouvoir, le savoir de la direction des affaires du territoire et de son peuple. L'exercice de la politique est donc naturellement lié à la classe dirigeante. Dans le règne animal, comme dans les sociétés primitives, le plus fort dirige. Mais les sociétés s'agrandissant avec les territoires, la nécessité d'alliance ou de délégation créera le concept de politique dans son sens strict. Ce concept, c'est l'action de manœuvrer son entourage pour s'attacher à son insu, voire à ses dépens, sa collaboration, le pouvoir sur lui, puis avec son concours, sur la société (les autres). Cette classe dirigeante qui a acquis le pouvoir par la force, l'a conservé et étendu au travers de la politique. En accaparant la direction des âmes, la classe savante, celle des ecclésiastiques, s'est elle aussi rattachée à la politique. Souvent à l'unisson de la classe dirigeante, parfois en opposition. Mais le peuple, la classe inférieure, s'en trouvera constamment écarté. Dès la Grèce antique ou la République romaine, la notion de citoyenneté était rattachée à des critères très stricts qui excluaient de fait un grand nombre de personnes pour réserver l'exercice de la politique et donc l'expérience de la démocratie à un petit nombre de privilégiés. Le Moyen Âge et le développement du système monarchique assoiront cet accaparement de la chose politique pour certains seulement. Malgré les apparentes ouvertures démocratiques, il ne sera jamais question de partage de ce pouvoir. La création des États généraux au XIVe siècle et le découpage en trois ordres par Philippe le Bel pour amoindrir le pouvoir de l'Église sur le royaume de France, officialisa cette exclusion de la classe inférieure des affaires politique. Trois ordres censés représenter la société dans son ensemble ont alors été créés en ce que l'on appellera au XXIe siècle un parlement : la noblesse, représentant la classe dirigeante, le clergé représentant la classe savante et le Tiers état censé représenter le reste, la classe inférieure. Néanmoins, le Tiers état était en réalité constitué de la petite noblesse de province ou de grands bourgeois, et en aucun cas de membres de la classe réellement inférieure. Le Tiers état au niveau politique est d'ailleurs étroitement associé aux fermiers généraux qui asphyxiaient les paysans par les impôts. Cette éviction de la classe inférieure du pouvoir politique est si fortement ancrée dans les mœurs, même modernes, que le terme d'aristocratie sera synonyme de noblesse. Aristocratie pourtant venue du grec *aristokrateia,* « gouvernement des meilleurs », composé de *aristos,* « le meilleur », et *kratein,* « commander ». Ce qui tend à démontrer que le pouvoir politique est réservé aux meilleurs et que ces meilleurs sont de fait les nobles, de la classe dirigeante (et non les plus capables ou méritants).

Les révolutions populaires en Europe comme dans le Nouveau Monde devaient marquer l'ouverture des décisions politiques à la classe inférieure. Les révolutions pacifiques comme en Angleterre ou guerrières comme en France ou en Russie devaient transférer tout ou partie du pouvoir de la noblesse au peuple, la monarchie absolue cédant sa place à la démocratie ou à la *res-publica* selon les pays. La première caractéristique de la démocratie moderne est donc l'ouverture de l'activité politique à tous les citoyens, c'est-à-dire tous les hommes vivant dans la nation et y étant rattachés par le sang ou par le sol. Faisant une transition douce et douloureuse, l'ouverture de l'activité politique au peuple occupera toute la renaissance et se terminera au XIXe siècle. Ces siècles feront émerger un type de démocratie : la démocratie représentative. C'est-à-dire que le peuple élit des représentants qui seront en charge des affaires de la nation en leur nom. Tandis que l'histoire, par le renversement de la vieille classe dirigeante et l'émergence de la classe d'affaires, offrait une formidable opportunité pendant la seconde révolution industrielle de rendre la direction de la nation au peuple, une classe de bourgeois a accaparé le pouvoir politique l'offrant à des « hommes de paille » sur la scène publique chargés de faire croire à la démocratie. Dès les balbutiements de la démocratie, s'est appliquée la règle de Darwin qui veut que les plus forts s'imposent. Comme se sont imposés les anciens maîtres dans l'ordre guerrier, l'ordre démocratique a vu s'imposer les socialement forts. L'ancienne petite noblesse et la grande bourgeoisie ont alors accaparé le pouvoir politique jadis détenu par le souverain et autour duquel ils gravitaient, à leur niveau. Le suffrage censitaire en sera d'ailleurs la meilleure illustration. Bien que le Siècle des lumières eût ouvert le droit de vote à tous les citoyens, le pouvoir fut accaparé par les classes déjà jadis favorisées. Favorisées par leurs capitaux, par leur éducation, par leur capacité à diriger les esprits peu éveillés d'une classe inférieure pendant des siècles cantonnée aux champs et aux activités subalternes, et qu'on éblouit avec les lumières de la démocratie.

C'est par cet accaparement du pouvoir (politique) que cette classe d'affaires est devenue la classe dirigeante. Par le suffrage censitaire, la nouvelle classe dirigeante a choisi ses leaders parmi elle, puis a développé des structures pour conserver le pouvoir : les partis politiques. L'élévation du niveau intellectuel du peuple a été, au XIXe siècle, à l'unisson de l'augmentation du niveau de vie, et a poussé la classe inférieure à participer à la vie politique sans toutefois en avoir les ressources. Ainsi naquit le suffrage universel qui accorda le droit de vote à tous les citoyens sans les discriminations de naguère. Néanmoins, la structure politique, les partis et conséquemment les élus restent dans les mêmes mains. Certes, il y a bien eu quelques exemples au XIXe et XXe siècle comme la Commune de Paris ou le Front populaire, mais la première a été réprimée dans le sang et le second a été anéanti par la guerre. La Deuxième Guerre mondiale, qui aurait pu être l'occasion de rebattre les cartes, ne fit que modifier la forme tout en conservant le fond. Plus encore que l'accaparement de l'appareil démocratique par la classe dirigeante, la seconde moitié du XXe siècle et le début du suivant voient un aplatissement et une bipolarisation de la vie politique dans à peu près toutes les démocraties.

Le choix démocratique se résume au XXIe siècle à un débat droite/gauche (nommées différemment selon les pays) où deux partis ultra-majoritaires s'affrontent en surface pour se partager le pouvoir, entourés de tous petits partis se définissant sur cette ligne horizontale. L'accaparement du pouvoir politique par la classe dirigeante est tel, que ces organisations politiques que sont les partis et qui se partagent le pouvoir par régionalisation ou par période, sont peuplées de descendants de grandes familles qu'elles soient de la noblesse (ou de son héritière militaire) ou de la classe d'affaires. Sous le couvert de la démocratie, le peuple doit choisir ses représentants au sein d'une classe politique représentée par l'unique classe dirigeante et qui partage, que ce soit à gauche ou à droite de la ligne, le même niveau social et les mêmes valeurs. L'histoire, qu'elle soit antique ou contemporaine, écarte de fait la classe inférieure du pouvoir politique qui pourtant influe directement sur ses conditions d'existence, et il en sera de même pour la classe égoïste.

Pour chasser la monarchie, la classe d'affaires bourgeoise a jadis utilisé à son profit la colère du peuple affamé pour renverser l'autorité devenue illégitime de la vieille classe dirigeante pour s'affirmer en imposant la démocratie. Au départ forte et tenue par cette nouvelle classe dirigeante via le suffrage censitaire, la perte de ce dernier pour l'universalité a alors enclenché une volonté d'affaiblissement de cette démocratie en amputant le pouvoir au domaine politique, puis en dictant à la classe égoïste ses choix pour maintenir le système. L'abbé Emmanuel-Joseph Sieyès justifiait le suffrage censitaire, car il considérait que le vote est une fonction et que par conséquent seuls les individus ayant les capacités d'assumer cette activité pouvaient l'exercer. Selon cette théorie, seuls « les actionnaires de la grande société » étaient suffisamment légitimes pour exercer l'activité de vote. A contrario, le suffrage universel poussera à exploiter l'incapacité de la classe égoïste à comprendre la complexité de l'acte politique pour lui imposer ses choix. Et les victoires citoyennes dans le monde du travail au début du XXe siècle ont vite fait comprendre qu'il fallait individualiser les causes, et donc les votes, pour conserver le pouvoir.

La classe égoïste est par essence individualiste et agira, avec son vote, dans son intérêt propre, et non au nom de l'intérêt général et encore moins celui de classe. L'individu de la classe égoïste va dédier son bulletin de vote en faveur du candidat qui semblera défendre ses intérêts individuels. Le monde politique devient un grand marché où des « entreprises politiques » vendent leur « produit-programme » en fonction des sensibilités des clients-électeurs. Mais bien que le niveau scolaire général de la population ait considérablement augmenté, la politique, notamment en raison de la mondialisation, s'est considérablement complexifiée. Économie, fiscalité, questions sociales, relations internationales, défense, choix stratégiques... Autant de questions complexes sur lesquelles le citoyen doit indirectement se prononcer sans pour autant que son éducation, qui le destine au travail strictement productif, lui permette de juger en conscience. Profitant de cette complexité, la classe dirigeante imposera ses vues et guidera les choix de la classe égoïste selon deux mécanismes : la peur et l'espoir. L'émotion étant le mode de raisonnement des esprits faibles, il sera question de faire voter la classe égoïste en fonction de ces deux ressorts par intermittence. La peur, sentiment utilisé par la droite bourgeoise conservatrice, tend à faire accepter au peuple des sacrifices immédiats pour espérer des lendemains meilleurs sous peine de sombrer définitivement et de perdre les acquis. S'adressant principalement à la frange privilégiée de la classe égoïste, celle qui craint de perdre ses quelques acquis patrimoniaux obtenus pendant les Trente Glorieuses et qui réussit à moins souffrir, cette doctrine tend à s'imposer à tous au nom de la mondialisation et du capitalisme. L'espoir est, quant à lui, destiné aux moins favorisés de la classe égoïste. C'est l'idéologie qui consiste à penser que les gens qui n'ont pas grand-chose doivent le partager entre eux sans pour autant imposer un partage équitable et durable des richesses, ou abolir la notion de classe par l'ascenseur social. Ces idées politiques tentent de s'imposer aux plus favorisés faisant fi de progressisme social avec par exemple le mariage homosexuel, l'avortement ou la peine de mort. La chute de l'URSS et du système communiste en 1991 marquera un tournant politique majeur. L'effondrement du système économique soviétique, figure de proue du socialisme, marquera l'avènement du capitalisme libéral et sa victoire finale sur le communisme et son modèle social. Certes, dès 1959 le parti socialiste allemand avait déjà renoncé aux thèses marxistes avec sa doctrine du Bad Godesberg : « L'économie de marché autant que possible, l'intervention de l'État autant que nécessaire », mais une Europe de l'Est dévastée par les dictatures et l'Armée rouge autant que par son système économique, finit par convaincre les plus socialistes de la nécessité d'un capitalisme libéral exacerbé. L'aplatissement de la sphère politique, la bipolarisation et la mono-représentation sociale du monde politique aboutira au XXIe siècle à une opposition de pure forme des courants politiques pour l'imposition d'une conduite des affaires qui se recentrera sur les intérêts de la classe dirigeante.

Les démocraties participatives où le peuple peut directement influencer les lois, le travail des partis politiques, toujours dirigés par l'élite, sont d'autant plus importants. La Suisse en est certainement le meilleur exemple. La Suisse, pays parmi les plus riches du monde, permet à ses citoyens de proposer des lois et de les voter par référendum (votations en Suisse). C'est ici que se développent aisément les mécanismes de peur. C'est en agitant la peur de perdre l'acquis d'un pays favorisé en Europe et la peur de ressembler aux autres, les moins favorisés, que les partis politiques appellent unanimement les citoyens à voter dans le bon sens, dans leur sens. C'est aussi en fonction de son intérêt individuel que l'on vote au détriment de ses pairs. Les jeunes votent contre les vieux, les actifs votent contre les chômeurs et les riches votent contre les pauvres. C'est ainsi que dans la peur agitée par les partis bourgeois de ne plus pouvoir financer les retraites des vieux, ils (leur) ont fait voter une augmentation de la TVA qui fera payer à tous la rente de certains. En revanche, la même peur du financement du chômage a, quelques mois après, fait réduire les allocations sans même qu'aucun parti n'ait songé à une nouvelle hausse de TVA pour maintenir ces allocations ou toute autre forme de prélèvement. La classe égoïste décide donc de l'avenir commun en fonction de son intérêt individuel ressenti et des peurs agitées par la classe dirigeante. Mais davantage encore que la peur ou l'espoir, la cupidité pousse aussi l'électeur égoïste à faire des choix qui le desservent. Sous l'impulsion de l'école de Chicago, ce club d'ultra-libéraux dont les illustres représentants sont Milton Friedman, Ronald Reagan et Margaret Thatcher, les politiciens ont voulu persuader la classe égoïste que les réformes libérales prônées par la classe dirigeante étaient nécessaires et surtout profitables à la classe égoïste. Avec les réalités que nous connaissons.

La démocratie a pu en tout cela apporter une forme d'espérance à la fin du XIXe et au début du XXe siècle. Le temps qu'il aura fallu à la classe d'affaires pour reprendre définitivement la direction de la société. C'est alors que la classe inférieure a arraché beaucoup d'acquis sociaux et s'est muée en classe égoïste pensant que ces acquis et leur dynamique leur étaient immuablement acquis. Et c'est lorsque les illusions ont été perdues face à la mondialisation et une reprise en main du pouvoir par la nouvelle classe dirigeante, que la classe égoïste s'est individualisée pour préserver son patrimoine économique et social au détriment des autres membres de la classe, remplaçant la lutte des classes en lutte idéologique, non plus sur le système économique, mais sur les réformes sociétales de pure forme. La forme est d'ailleurs ce qui désigne le choix des orientations politiques, que ce soit sur un candidat ou sur un programme. Les mécanismes économiques et les conséquences sociétales des choix politiques sont devenus tellement complexes que la majorité des électeurs, souvent mal éduqués, se concentre sur la personnalité ressentie d'un candidat ou l'adéquation avec les partis, non pas en fonction du programme, mais de la position sur la ligne politique. Ni trop à droite ni trop à gauche, le curseur se positionne quelque part au centre droit. Le peuple a d'ailleurs pris conscience de ce hold-up de la démocratie par la classe dirigeante et le manifeste s'abstenant aux élections pour continuer à lutter seul. La politique étant une affaire de groupe.

XIII.
LA CLASSE ÉGOÏSTE ET LES TECHNOLOGIES DE LA COMMUNICATION

Née avec les révolutions industrielles, la future classe égoïste s'emploiera à bouleverser son monde bien plus vite et bien plus profondément que toutes les générations avant elle. Elle a cassé le carcan des dogmes de la classe savante pour s'affranchir des contraintes physiques en utilisant la science, elle a repoussé les limites géographiques en créant de grands ensembles politiques et les moyens de transport pour les sillonner, et elle s'emploie à écrire le chapitre suivant en créant des moyens de communication inédits qui transcendent le temps et l'espace pour rapprocher les esprits. C'est un vieux rêve humaniste que de connecter les individus entre eux, qu'ils se parlent pour se comprendre et ainsi tenter d'éviter les guerres. C'est dans cette idée d'universalité du besoin et de l'envie de communication entre les êtres que le génie humain s'est attaché à leur fournir des moyens pour leur permettre de les assouvir. Au Moyen Âge, on s'efforça de développer le réseau postal qui consentait de physiquement transporter une information sur un média papier entre deux individus. L'information circulait entre uniquement deux personnes identifiées et en un temps particulièrement long, corrélé en rapport avec les contraintes physiques (géographiques, matérielles, organisationnelles...). Ensuite vint dans le milieu du XIXe siècle la transmission radio. Par l'utilisation des ondes électriques, la radio permet de transmettre, à une vitesse proche de celle de la lumière, des informations entre un émetteur et un récepteur. Excluant les principes organisationnels du télégraphe, la radio permit de diffuser à sens unique à un grand nombre de personnes des informations identiques pour tous les auditeurs. La radio est le premier média qui s'affranchit des contraintes naturelles que sont la géographie, le lien physique ou le temps, pour créer une communication. Suivant la radio, la télévision reprend le même principe en y ajoutant l'image. Dans le sillage du télégraphe, le téléphone permettra une communication sonore entre deux individus dans un contexte privé. C'est en cela une extension du système postal, à ceci près que le téléphone ne permet pas de prime abord de stocker l'information.

Parallèlement à la diffusion sans contraintes des informations, la fin du XIXe siècle a vu la capacité par l'homme de stocker des informations sonores sur un nouveau média, le microsillon. À l'instar de la batterie pour l'électricité, l'enregistrement permet de conserver pour une utilisation ultérieure des données et personnalise la réception de l'information. Il est vrai que la substance reste la même, mais ce nouveau média, à l'image de l'écrit, permet de définir avec qui, quand et combien, l'information pourra être partagée. Cette personnalisation permet aux individus de choisir, parmi un catalogue défini par les éditeurs de la classe dirigeante, les informations qu'ils voudront avoir. L'important pour la classe dirigeante est de contrôler l'édition des contenus et la production des médias, ce qu'elle fit pendant plusieurs siècles.

La troisième révolution de la communication eut certainement lieu à la fin du XXe siècle. Sans trop qu'on en connaisse l'inventeur, fût-il seul, il est question par des machines de relier ses possesseurs où qu'ils soient dans le monde, à la vitesse de la lumière, et sans limitation politique, économique, volumétrique ou de nature. Cette invention sera appelée Internet. Cet Internet est, pour le transport de l'information, le moyen universel de relier entre eux des individus qui pour une raison ou une autre sont distants. Internet et les machines qui lui donnent existence sont capables, non seulement de faire transiter n'importe où, n'importe quelle information, mais surtout avec n'importe qui et par n'importe qui. Contrairement à tous les autres moyens de communication, Internet permet à la classe égoïste de publier n'importe quelle information et de la diffuser au plus grand nombre sans aucune censure (au sens large), ni contrainte ni influence directe de la classe dirigeante. En effet, tandis que jadis la classe savante contrôlait strictement l'information et sa propagation à sens unique, Internet a permis de s'affranchir du pouvoir de cette classe savante aujourd'hui tombée autant que de celui de la classe dirigeante qui avait pris le contrôle des moyens de production et de diffusion au travers de la possession des médias papiers, radios et télévisuels. C'est par cette universalité, cette flexibilité et cette popularisation qu'Internet devient et va devenir LE moyen de communication égoïste. Plusieurs caractéristiques font d'Internet un média unique et maintenant incontournable. En premier lieu parce qu'il rend possible à n'importe qui de recevoir et de diffuser de l'information auprès d'un grand nombre de congénères à un coût modique et sans rapport entre le volume échangé et le prix à payer. Cette unicité du coût donne prétexte, avec le levier de la cupidité humaine, à profiter autant que possible pour rendre la dépense toujours plus rentable. Il permet également de stocker de l'information. Non seulement en local via la machine qui servira de base de données, mais également dans le réseau (le nuage) qui permet de disposer et de partager ces informations tout le temps, sans contrainte. Mais plus encore que de créer, de diffuser, de stocker et de partager des informations, Internet permet une mise à jour automatique et en temps réel de ces informations. Enfin, Internet permet une anonymisation des informations reçues et échangées et donc la capacité à se créer de nouvelles identités qui annihilent toute responsabilité individuelle envers la communauté par l'impossibilité pour cette dernière de coercition sociale ou pénale envers celui qui voudrait s'affranchir des règles sociales du monde réel. Anonymisation par la possibilité de changer d'identité comme par l'effet de masse qui garantit l'oubli. C'est par cet effet d'anonymisation autant que par celui de masse qu'Internet permet qu'il devient un instrument de communication particulier. Dans la même thèse, l'évolution des moyens de communication montre également toujours moins de responsabilité individuelle et d'engagement personnel. Tandis que les missives de jadis étaient écrites avec soin et dûment signées, parfois même accompagnées d'un sceau pour en garantir l'auteur et l'engager personnellement envers ses mots, la communication moderne a progressivement dépersonnalisé les informations. Le téléphone a remplacé la responsabilité de l'écrit par la volatilité de la voix. Cette voix même a été remplacée par l'écrit via les SMS ou les emails qui ne sont souvent même plus signés, faisant identifier leurs auteurs par un numéro ou un pseudonyme. Les courriers eux-mêmes sont devenus automatisés et ne portent souvent plus de signature mais une marque, les articles de journaux ne permettent parfois plus d'identifier leur auteur, surtout sur Internet.

Derrière tous ces moyens technologiques, c'est la déresponsabilisation individuelle qui permet la communication égoïste. Tandis que dans les communautés traditionnelles, qui se formalisent par des petits regroupements de population identifiée, chaque individu se voit directement imputer les conséquences sociales de ses actions, ce qui modère ses passions naturelles, Internet permet à l'individu vicieux de s'affranchir du pouvoir qu'il doit imposer à ses passions parce qu'il n'encourt pas de sanction. Il peut librement diffuser de l'information et utiliser les ressources de la communauté sans avoir à rendre de compte. Internet peut en cela être assimilé à une société réelle dans laquelle les instincts primaires de l'homme, et donc sa cupidité et son égoïsme, ne seraient en rien bridés par quelconque morale, vertu ou peur de la sanction. C'est une véritable société, un véritable monde virtuel, où les individus égoïstes tentent de manière cupide d'accaparer les ressources que la société peut lui apporter. Cette société n'a, contrairement au monde réel, pas d'histoire, pas de frontière, pas de morale, pas de loi, et chacun adopte le comportement qui lui permettra de tirer profit des autres, à leurs dépens si besoin. Il n'est pas nécessairement question de profits pécuniaires, même s'il en est parfois question, mais de profits sociaux que Maslow place en haut de sa pyramide. Internet permet de diffuser et de recevoir de l'information de tout caractère depuis et vers un nombre quasi illimité de gens sans contraintes sinon celle de la langue, faisant contraste avec un monde réel qui impose des contraintes physiques et sociales aux interactions entre les individus. Internet est l'opportunité pour chacun de se créer un véritable auditoire d'individus virtuels en une sorte de petite cour dont on serait le souverain. Rassemblant des sujets de manière impersonnelle, le souverain égoïste devient alors la star de son monde virtuel où ses sujets le sont de manière non moins égoïste, mais qui, par leur impersonnalité tant que leur nombre, sont substituables sans états d'âme. Cet effet de cour virtuelle flatte par là un ego égoïste qui devant l'indifférence que lui montre le monde réel peut trouver la tentation de s'y réfugier.

La recherche de l'intérêt égoïste étant de fait la motivation première à toute action, les interactions sur la toile n'échappent pas à la règle. Ces interactions ont deux causes : soit un palliatif virtuel à un manque dans la vie réelle qu'on ne parvient pas à combler, soit un lieu opportuniste pour trouver un avantage dans le monde réel. Dans la première catégorie se retrouvent donc les effets de cour décrits précédemment qu'il tiendrait lieu de compléter avec la recherche de sentiments individuels comme l'amour ou l'amitié virtuels. Bien que dans le monde réel, les sentiments amicaux ou amoureux ne soient plus vraiment altruistes, ils sont encore plus égoïstes et déshumanisés dans le monde virtuel. Une relation virtuelle se crée souvent sur des sites spécialisés comme des tchats ou des forums où des individus viennent trouver un lien social virtuel sur des sujets convenus. S'engage souvent des discussions sans fond qui ont pour but de combler un manque social ou sentimental (voire sexuel), lui bien réel. Pour chacun des protagonistes, il s'agira d'obtenir d'un interlocuteur déshumanisé un avantage, parfois dans une sorte de symbiose et souvent dans un jeu de dupe qui aura en apparence un gagnant, mais en réalité bien souvent deux perdants. Cette déshumanisation des relations via le réseau est telle que l'acronyme I.R.L pour « In Real Life » (dans la vraie vie) a longtemps été utilisé pour différencier ces rapports virtuels des rapports réels. La seconde catégorie est davantage encore caractéristique de la lutte pour l'accaparement de l'argent que se livrent les individus, mais cette fois-ci au travers du réseau. La dépersonnalisation du réseau pousse dans ce cas de figure à, par divers moyens majoritairement illégaux ou immoraux, prendre l'argent réel d'un individu pour soi-même. Bien souvent, cet accaparement d'argent est réalisé sans aucune production de service, encore moins de bien, et n'est fait que par malice. L'anonymat relatif du réseau offre aux cupidités en tout genre, un moyen débridé de se satisfaire au détriment de quidams un peu moins malins, ou moins pervers qu'elles. Internet est un certain aboutissement dans les échanges sociaux de la classe égoïste. Il permet, plus que tout autre moyen de communication, d'échanger n'importe quoi, avec n'importe qui, de la part de tout le monde, dans un anonymat presque total et donc une déresponsabilisation morale complète.

XIV.
LE FÉMINISME,
CACHE-SEXE DE LA LUTTE DES CLASSES

C'est au milieu du XIXe siècle que le mythique théoricien communiste Karl Marx développera le concept immémorial de la lutte des classes qui fut le moteur des principales avancées sociales en Europe. Il mettra en opposition directe les travailleurs, les prolétaires, aux bourgeois capitalistes, et analysera la répartition effective du travail productif et de la valeur créée par ce travail, entre cette classe prolétaire et cette classe bourgeoise. Les évènements de l'histoire récente montreront l'écho que ces thèses auront sur les masses, qui en octobre 1917 feront tomber les Tsars en Russie et arracheront en 1936 en France les concepts des congés payés et des assurances sociales, faisant du XXe siècle, un peu partout en Europe, celui des grandes luttes et des grandes victoires sociales. Victoires sociales qui induisent un partage de la création de valeur un peu en faveur de la classe prolétaire, de la classe inférieure. Transformée par l'espoir d'une échappatoire à sa condition, la classe inférieure, devenue classe égoïste par la possibilité de constituer un patrimoine, perdra la notion de lutte de classe puisque ses individus ne se considéreront plus d'une classe, mais d'un statut individuel. C'est comme cela, au sortir de la Seconde Guerre mondiale, que s'est achevée la lutte des classes telle que l'avait théorisée Marx.

La fin des Trente Glorieuses et des plans keynésiens mis en place un peu partout en Europe pour la reconstruction désormais achevée, font place à une grande période d'austérité obligée par les deux chocs pétroliers, mais surtout par la fin de la boulimie de consommation, une stagnation de l'innovation et la mondialisation galopante qui faisait délocaliser le travail et donc les revenus des travailleurs. Le travail redevient précaire et les salaires baissent sous l'impulsion d'entreprises devenues mondiales qui exportent le travail. Faisant tomber les acquis du peuple redevenu de plus en plus prolétarisé, la reprise de la lutte des classes devenait alors un scénario dont le premier acte était encore douloureusement en mémoire des capitaines d'industrie. Il fallait empêcher la classe égoïste de se souvenir des victoires de classes passées, et détourner le peuple de toute cause, de tout symbole, qui pourrait voir converger en une force de groupe leurs mécontentements individuels envers la classe dirigeante qui dégrade leurs conditions de vie qui paraissaient pourtant immuables. Il était question de les diviser autour d'une cause qui pourra faire l'objet d'une lutte fratricide à l'intérieur même de la classe égoïste. C'est à la toute fin du XXe siècle que naîtra la lutte des sexes.

La lutte des sexes, c'est l'opposition entre les individus d'une même classe mais du sexe opposé. Ce terme même de sexe opposé laissant penser de manière sémantique que les sexes sont en opposition de fait. Lutte pour les acquis sociaux, mais surtout sociétaux et bien sûr économiques. Sur ce dernier point, la thèse des combattantes consiste à penser que l'amélioration de leur condition économique et donc sociale viendra de la victoire contre l'autre sexe qui accapare toutes les ressources. Il est question de lui arracher les acquis pour les ramener à sa caste. Dans cette optique, la lutte pour l'égalité de salaire net entre les hommes et les femmes est la première bataille de cette guerre qui ne veut se déclarer comme telle. Elle consiste pour les femmes à revendiquer et à imposer aux agents économiques et aux hommes l'égalité des salaires nets de manière législative. Ce factuel différentiel de 15% aujourd'hui entre les deux sexes à intitulé de poste égal (et pas à horaires, productivité ou capacités égales), qui tend à naturellement se réduire avec le temps, concentre toutes les revendications tandis que les différences salariales entre les capitaines d'industrie et la moyenne des employés sont passées de 40 pour 1 à 300 pour 1 en un siècle, et continuent à se creuser. Davantage destructeur encore, c'est qu'au regard des pressions salariales et de la compétition internationale du travail, c'est le salaire des plus favorisés, les hommes, qui diminue et non celui des femmes qui augmente. L'absurdité du combat, dans l'idée de la lutte sociale de Marx, vient au final de la désignation de l'adversaire, de l'objet de la comparaison et du but recherché. Mais cette lutte des sexes, en désignant l'ennemi chez ses pairs, empêche toute remise en question d'une situation économique et sociale qui reprolétarise la classe égoïste. Ce combat, au-delà d'affaiblir l'ensemble de la classe, creuse l'écart entre les sous-groupes en son sein. Les professions libérales, les commerçants, les entrepreneurs, sont autant de catégories qui sauvegardent leur patrimoine au détriment d'un salariat qui acquiesce la dégradation de sa situation faute de la défendre, trop concentré à se déchirer en fonction de son sexe. Dans cette lutte fratricide, tandis que la classe égoïste s'oppose autant qu'elle peut

sans trop en comprendre les raisons, la classe dirigeante, elle qui décide par son contrôle sur le pouvoir
politique les victoires et les défaites, s'affranchit par son
pouvoir financier des contraintes qu'elle impose à la
classe égoïste. En France, tandis que la loi sur la parité
en politique a été instaurée par le pouvoir politique, le
premier parti du pays paye à chaque élection des
amendes pour le non-respect des décisions qu'il a imposées aux autres, son pouvoir économique lui permettant de s'affranchir de la loi. Loi qui au lieu de
s'imposer sous peine de disqualification électorale,
permet de s'en affranchir moyennant une simple redevance. Mais en ajout au combat économique ou politique, la lutte des sexes veut s'imposer à tous comme le
seul objet de revendication sociale pour diviser autour
d'un sujet tout en ignorant les autres auxquels est at-
tentive la classe dirigeante. Les lois sur les questions
homosexuelles suscitent les débats alors que le principe
de la garde à vue, mode de détention arbitraire ne suscite aucun émoi, ou encore le débat sur le sexisme du
qualificatif « Mademoiselle » au lieu de débats sur le
fichage automatique des citoyens sont autant de batailles vaines qui font s'entredéchirer la classe égoïste
en exploitant son individualisme devenu chronique.

Bien que les premières revendications féministes aient trouvé la postérité à partir de la révolution,
c'est à la fin du XXe siècle qu'elles ont eu un écho politique et ont monopolisé le débat. Bien que les femmes
aient toujours eu dans l'histoire une place prépondérante et que cette histoire ait laissé aux générations
contemporaines de grands noms féminins, le féminisme moderne réclame, non pas une place qu'elle a
toujours eue pour la femme, mais un partage de celle de
l'homme. À l'instar du gâteau de la création de valeur et

de l'argent, de la formalisation monétaire qui en résulte, il s'agira, non pas de réquisitionner par la lutte une part légitime qu'a spoliée la classe dirigeante, mais de revoir le partage des miettes laissées par cette dernière au sein de cette classe égoïste.

Comme pour le pouvoir politique ou économique, l'originalité des idées a toujours été l'apanage des classes supérieures. Les lumières des XVIIe et XVIIIe siècles n'ont d'ailleurs pas échappé à cette règle intangible. Ses représentants ayant quasiment tous été issus des classes favorisées, à l'image de Voltaire qui, bien que promoteur des idées du peuple au regard de son scepticisme face au pouvoir, fut l'enfant d'un fermier général. Comme le combat des philosophes, le combat féministe sera mené et distillé dans la population par les classes dirigeantes. C'est en quelque sorte le tribut des femmes de la classe au maintien de la primauté de celle-ci face aux revendications d'en bas. On pourrait croire ces féministes bourgeoises en lutte contre leur mari, leur père ou leurs frères, mais contrairement à la classe égoïste à qui l'on a enseigné que la réussite est individuelle contre les autres, la classe dirigeante sait que sa survie tient à sa capacité à rester entière pour submerger toute velléité de changement social. Certes, ces féministes bourgeoises, filles et femmes d'administrateurs d'entreprises souhaitent la parité dans les conseils d'administration, mais leur conviction est moindre que lorsqu'il s'agit de l'imposer à des niveaux inférieurs. Toujours dans cette perspective de détournement du peuple de toute idée de lutte des classes, le combat féministe bourgeois s'attache à vouloir, sous le slogan de l'égalité sociale et de la respectabilité de la femme, contrôler la sexualité du peuple en remplacement de l'Église déchue de son pouvoir de contrôle des esprits. Tandis que cette dernière imposait les pratiques sexuelles au nom de la morale, les féministes le font au niveau de l'égalité des sexes et du respect de la femme, pour pouvoir la normaliser au nom de la loi. La prohibition de la prostitution en est d'ailleurs un excellent exemple. Agitant l'épouvantail de la femme esclave d'un homme qui l'exploite, les féministes font la chasse au plus vieux métier du monde, d'abord aux femmes qui le pratiquent, puis aux clients qui leur permettent de leur prendre leur argent. C'est que cette activité qui permet aux femmes d'échapper à la spirale du salariat et aux hommes de satisfaire certains besoins inhérents à leur condition d'hommes, échappe complètement (ou presque) à la classe dirigeante qui ne peut tirer bénéfice de cette activité moralement condamnable. Pas de multinationale de la prostitution qui enrichit des capitaines d'industrie ou même d'opportunité sérieuse de prélever l'impôt sur une activité souterraine par sa dimension immorale. Il faut alors l'interdire pour que les flux financiers et la dépendance au plaisir restent entre les mains des dirigeants naturels du système. La prostitution des esprits, celle qui mène à l'épuisement intellectuel, spirituel et moral, parfois jusqu'au suicide, est plébiscitée au nom du libéralisme, mais celle dépendante des corps au gré des volontés individuelles est, quant à elle, prohibée... au nom du féminisme et de l'égalité... des sexes. N'en déplaise aux prohibitionnistes, la prostitution a survécu à l'inquisition religieuse et survivra probablement à la prohibition féministe et légale. L'exemple suédois en est d'ailleurs une hypocrite illustration. C'est d'ailleurs une double hypocrisie dans le fait que la lutte pour l'égalité salariale part du postulat que les hommes sont davantage favorisés que les femmes dans le monde de l'entreprise alors que la prostitution permet aux femmes d'avoir une activité libérale, libre de tout patron, une activité très rémunératrice pour elle-même en exploitant un besoin naturel de l'être humain et de l'homme : se reproduire. Mais ce paradoxe d'apparence n'en est en réalité pas un. La classe dirigeante qui prône un libéralisme exacerbé, qui de par ses acquis historiques, lui procure un avantage prompt à dominer la classe inférieure, ne veut pas qu'une partie de l'activité puisse lui échapper. Le contrôle des individus par leur sexualité est par ailleurs une autre façon de guider la classe égoïste vers l'aboutissement de son dessein. L'égalité des sexes est donc un prétexte pour asseoir son contrôle sur les masses. Ce prétexte est d'autant plus facile à faire assimiler par la classe égoïste qu'il est en ligne avec la notion de combat individuel.

Plus loin que le contrôle de la sexualité et la lutte contre les activités qui échappent à sa main mise, la classe dirigeante, sous le couvert du noble féminisme, guide les modes de vie de la classe égoïste. De tout temps, les femmes ont été attentives à leur apparence (extérieure). Que ce soit pour attirer l'homme convoité (pour des raisons parfois économiques) ou pour acquérir un statut social, les femmes ont toujours usé d'artifices externes pour se forger une identité féminine. Exploitée par l'industrie pour vendre multiples produits visant à entourer et à guider ce besoin inné d'apparat, cette caractéristique féminine est étendue aux hommes dans une optique d'égalité qui est, elle aussi, assimilée avec conviction. Les femmes, jadis au foyer, étaient, par leur beauté souvent aidée, la représentation du couple et de l'homme. Ce dernier travaillant souvent aux champs, à la mine ou à l'usine, marquait son corps des rudesses de son gagne-pain. Veblen parlera du « bonheur par procuration » pour évoquer la représentation de la fortune du mari par l'ostentation du bonheur de sa femme. Cette situation, acceptée pendant des siècles par les deux représentants du couple, est remise en question par les féministes aux motifs qu'il est injuste que les femmes « doivent » s'apprêter pour les hommes alors qu'ils n'en font pas autant. Il faut donc faire imposer l'idée dans la société qu'à l'égal de la femme, l'homme moderne, celui qui est désiré par les femmes, sera un homme qui s'apprêtera comme elle, à grand renfort de produits de beauté développés par les industriels. Les médias relayant ces images les feront assimiler par la masse qui à son tour imposera silencieusement aux hommes d'appliquer, comme elle, les soins nécessaires pour devenir socialement conforme. Cette égalité des sexes ouvre ainsi un marché énorme aux industriels qui par l'imposition sociale aux hommes des contraintes qu'ils ont historiquement attachées aux femmes, ont quasiment doublé la masse de clients.

Le féminisme, combat par essence d'opposition entre deux sexes naturellement différents et complémentaires, est donc une arme fantastique aux mains de la classe dirigeante qui l'exploite presque sans fin. Incroyablement cynique puisque orienté vers un rapport perdant/perdant pour la classe égoïste qui se combat en son sein, il est proportionnellement bénéfique à une classe qui par la masse énorme de ce qu'elle peut partager, a depuis toujours défini les rôles dans une paix sociale qu'elle anéantit dans la classe inférieure. Avec une résistance de plus en plus faible de catégories sociales intellectuellement trop légères pour en cerner les nécessités sociales prônées et malgré la nature qui se rappelle à nous, le féminisme tend à s'imposer au travers de mass medias de plus en plus puissants au service d'une classe dirigeante qui a sans doute trouvé le meilleur supplétif à la résurgence de lutte des classes.

XVI.
LES RÉVOLTES DE LA CLASSE ÉGOÏSTE

Bien que le système eût été mis en place par la nouvelle classe dirigeante pour s'assurer la maîtrise de la société par l'imposition d'un nouveau mode de vie basé sur l'égoïsme, certaines révoltes ont éclaté dans la population au cours du XXe et encore aujourd'hui dans le nouveau siècle. Dès le début du big-bang social, les nouveaux maîtres du monde ont souhaité annihiler le concept de lutte de classe, théorisé par Marx et romancé par Zola, en abolissant le principe de classe pour faire émerger l'individu égoïste. Diviser pour mieux régner s'imposa de fait en doctrine et permit de prévenir les grands soulèvements sociaux dans la majorité du monde occidental, le besoin de lutte étant alors dérivé sur d'autres sujets comme la lutte des sexes. Néanmoins, le XXe siècle a connu de nombreux soulèvements qui aboutirent tous au même résultat : un renforcement du système en place. Elles furent nombreuses les grandes luttes pour revendiquer, non pas un changement profond, mais des aménagements dans un système basé sur l'asservissement des uns par les autres. En cela, les grandes grèves de 1936 n'ont pas eu pour objet de partager la plus-value équitablement ou de rentrer dans l'actionnariat des compagnies pour lesquelles ils se saignaient. Elles ont eu pour objectif des augmentations de salaire pour profiter des nouveaux bienfaits de l'électricité à une époque où la modernité frappe l'esprit de toute la population. Aujourd'hui encore, les mouvements de soulèvements populaires des indignés, des « occupy » ou autre « anonymous » ne revendiquent en rien une quelconque remise à plat du système, mais réclament ensemble un avantage social qui leur semble dû à titre individuel. Les indignés Madrilènes ne veulent pas changer le système. Ils n'ont aucune velléité de renversement du gouvernement et n'ont en rien attaqué quelconque symbole du pouvoir. Ils ont d'ailleurs été tranquillement votés aux élections municipales de 2011 en portant aux nues le parti libéral pour sanctionner le gouvernement socialiste accusé d'être trop libéral, et de causer leur malheur. Ils n'ont pas créé quelconque structure politique, ni même émis de revendications sociales. Ils voulaient simplement un emploi bien rémunéré et un logement confortable bon marché. La classe égoïste ne manifeste plus pour changer la société, elle manifeste pour en faire partie. Ou plutôt par peur de ne plus en être. Ces révoltes ne sont plus, ou toujours pas, l'union de toute une classe sociale pour changer le système vers son avantage, mais la réunion opportuniste d'individus tous guidés par leurs aspirations individuelles. Et c'est d'ailleurs dans cette vision individualiste de la lutte commune que l'histoire récente a fait émerger de grandes figures qui, en commençant aux yeux du monde une lutte anti-système, se retrouvent confortablement installées dans les arcanes du pouvoir qu'ils ont pourtant prétendument défié. Bien qu'on puisse aisément comprendre que les apparats du palais Bourbon ou du quartier européen de Strasbourg soient davantage attrayants que les pavés des rues, tant de figures de proue portant de nobles luttes ont terminé comme des tribuns romains ventripotents sur de confortables fauteuils au sein même du pouvoir. Ils gardent évidemment un certain attachement de façade à la lutte, mais le temps de la révolte est révolu. Pour ces gens, voilà venu le temps de la coopération systémique. Les autres, ceux-là mêmes qui battaient le pavé derrière leur ancien leader, eux y sont toujours.

Néanmoins, au cours du XXe siècle, un soulèvement de classe a inquiété le monde jusqu'en 1991. Bien que son origine date de 1848, c'est un certain novembre 1917 qu'il fera trembler le système. Ce soulèvement, c'est celui de la classe prolétaire de Marx qui, en Russie, refusa de servir de chair à canon dans cette guerre d'un nouveau genre motivée par des causes incompréhensibles à ce peuple précarisé, voire affamé depuis des siècles par un pouvoir autocratique et oligarchique. C'est spontanément que des milliers d'ouvriers de Petrograd ont refusé de nouveaux sacrifices au nom de la guerre. Ils arrêtèrent le travail puis se soulevèrent pour faire tomber le Tsar. Le deuxième acte de cette première révolution de l'histoire contemporaine aura lieu en octobre de la même année, où se mettra en place une nouvelle société guidée par le peuple pour le peuple. Avant même la fin de la guerre, le monde entier eut à l'esprit de se méfier et de stigmatiser cette nation où ce ne sont pas les élites traditionnelles qui dirigent la société, mais un groupe de chefs révolutionnaires fanatiques (les bolcheviques) qui prônent une société basée sur le bien commun et l'égalitarisme en lieu et place du darwinisme économique et social et de la loi du plus fort. Preuve de la peur qu'inspirait le communisme, l'ex-caporal Adolf Hitler les aura fait molester dès les années 1920 par la main des S.A. Des deux côtés de l'Atlantique, le « problème communiste » préoccupait bien plus que tout autre régime, fut-il le plus dictatorial du monde. Le sénateur McCarthy ressuscitera même la chasse aux sorcières pour traquer les « rouges » qui pourraient se dissimuler aux États-Unis et qui mettraient en danger le bipartisme qui gouverne l'Amérique depuis des siècles déjà. Jamais donc un soulèvement populaire n'aura tant inquiété la classe dirigeante qui s'obstinera à faire imploser le nouveau régime pendant les décennies qu'on nommera « la guerre froide ». Il n'y aura bien que la France qui, conservant quelques souvenirs de son époque révolutionnaire, sera partagée entre l'adoration et la détestation de ces contestataires slaves qui ont mis à genoux le Tsar quand eux n'ont fait que remplacer un maître par un autre.

Il s'en sera passé des choses entre la surprise de 1917 et la chute de « l'empire » en 1991. Vladimir Illich Oulianov dit Lénine, décédera en 1924 alors que sa nouvelle société n'avait pas encore imposé la paix prospère au bien commun qu'il appelait de ses vœux. Il mit d'ailleurs en place dès 1917 toute une série de mesures qui transférera l'outil de production de la classe dirigeante à la classe inférieure (ce qui dépossédera cette première de son appareil d'asservissement) et qui imposera le bien de l'État comme première cause nationale en lieu et place d'une liberté (base du libéralisme) corrélée à la masse d'argent possédée (cf. Sieyès). Bien que cette révolution ait été source d'espoir pour la classe inférieure et source de crainte pour l'oligarchie mondiale, la mort prématurée de Lénine en 1924 et la lutte pour la succession au profit du plus vicieux annihileront tous les idéaux de la révolution de février 1917 et remplaceront une dictature de droit divin par une dictature de l'idéologie. Comme Kropotkine le redouta, l'émergence au sommet du moins scrupuleux et la paranoïa d'État encouragée par les défiances du monde libéral donneront le pouvoir absolu à un État central devenu illégitime et la révolution sera éteinte définitivement.

Au-delà de la révolution en elle-même, il est étonnant de constater l'acharnement du monde occidental et de sa classe dirigeante pour détruire dans l'œuf ce nouveau régime pourtant basé sur des valeurs légitimes. Certes, l'histoire a montré que l'idéal de Lénine et de Marx s'est transformé en une nouvelle forme de dictature, mais la guerre sans répit que la classe dirigeante a menée contre cette aspiration des peuples un peu partout dans le monde est source de questionnements. Néanmoins, l'échec du communisme ne vient peut-être pas tant de la guerre qu'a menée l'Ouest que de la nature irréversible de l'homme à vouloir satisfaire son intérêt propre au détriment de son voisin, et non pas avec lui. Il est en cela question de la relativité de la richesse. Cette richesse ne s'évalue pas par le niveau de bonheur ressenti ou au confort de vie, mais par le positionnement matériel et social dans son environnement. En cela, on peut comprendre aisément les causes des échecs de toutes les révolutions ou révoltes de classes au cours de l'histoire. L'aspiration individuelle à améliorer son niveau de vie au détriment des autres pousse chacun à s'investir dans la lutte à hauteur des avantages qu'il peut y trouver pour lui-même. Les figures de proue, elles, maximiseront leur bénéfice personnel issu des changements sociaux en poussant à la révolte ou à la révolution. On pourrait classer les soulèvements de masse en deux catégories. En premier, les révoltes égoïstes qui permettent à chacun de bénéficier d'un avantage structurel à son niveau. Ce sont la majorité des révoltes ouvrières telles que celles décrites par Zola ou encore les grandes grèves de 1936. On peut y inclure les récents mouvements des indignés, notamment en Espagne. On peut également y ajouter, dans une certaine mesure, les évènements de 1968 ou les mouvements féministes modernes. La deuxième catégorie est celle des révolutions qui ont chamboulé durablement la nation et ont porté aux nues un nouveau système social, bien que souvent pas plus favorable que le précédent pour le peuple qui l'a soutenu. Il s'agit bien sur des révolutions russes de 1917, des Françaises de 1789 et 1848, mais aussi de toutes les révolutions du XXe qu'elles soient en Amérique du Sud, au Moyen-Orient ou en Afrique du Sud. Dans la même idée, la révolution industrielle est certainement la plus importante de l'histoire pour cette catégorie puisqu'elle aura permis dans la majeure partie du monde de renverser une vieille classe dirigeante héréditaire par de nouveaux maîtres du monde grâce notamment au développement de la puissance industrielle. En tout cela, aucune révolte ni révolution n'a profondément modifié les rapports de forces entre les classes et au sein de celles-ci. Tout juste certaines des premières ont-elles fait progresser le niveau de vie minimum ou moyen au sein d'une classe qui reste irrémédiablement inférieure. Les révolutions ont, quant à elles, eu pour résultante de faire tomber les têtes pour en promouvoir d'autres qui ne les ont pourtant pas mieux servies. Bien qu'assez divers, les régimes installés par ces révolutions ont souvent pour point commun d'installer une nouvelle nomenklatura qui aura pour toujours ambition de s'élever en classe dirigeante en asservissant une classe inférieure qui n'arrive pas à sortir de sa condition.

Tant par les évènements que par les choix à faire dans un avenir proche, les révolutions arabes de 2011, et particulièrement celle d'Égypte, pourront confirmer ou infirmer cette hérédité de l'échec des révolutions populaires. Chassant une dictature théoriquement laïque sans intervention occidentale, ces pays ont maintenant le choix de s'orienter vers des Républiques populaires où le peuple sera le garant indéfectible des acquis de la révolution, ou de glisser irrémédiablement vers une théocratie qui remplacera la dictature laïque par une dictature religieuse. Mais avant même de choisir la route, ces soulèvements ont vu rapidement des groupes de notables de province s'approprier la direction de la révolution. Non pas en chefs de guerre comme on le voit régulièrement en Afrique noire à chaque coup d'État, mais en idéologues et administrateurs. Cette oligarchie autoproclamée s'impose dans les arcanes du pouvoir en devenir, laissant la cruauté de la guerre à des miliciens désorganisés se battant pour une cause qu'ils croient juste sans se douter qu'ils n'en verront probablement jamais les fruits, leur laissant alors le choix entre une nouvelle autocratie oligarchique laïque ou religieuse.

Reprenant la segmentation préalablement établie entre les révoltes égoïstes et les révolutions de fond, on constate une approche profondément différente. Tandis que ces dernières voient les dernières ressources du peuple s'engager avec passion et violence dans une lutte pour changer profondément son avenir, les premières sont beaucoup plus timorées et voient des manifestations de pure forme exprimer des revendications sans beaucoup plus de fond. En effet, tandis que les révolutions sont violentes parce qu'elles veulent chasser du pouvoir la classe dirigeante qui l'avait durablement accaparé, les révoltes égoïstes prônent le pacifisme niais et condamnent avec grande fermeté la violence physique tout en la reportant dans des slogans. Ils sont donc bien loin les coups d'État populaires voyant les citoyens prendre le pouvoir par submersion et encore plus loin sont les piques sur lesquelles trônaient les têtes des nobles pendant la Révolution française. Les révolutions de la classe égoïste se réservent à des marches pacifiques et des slogans réclamant des avantages de forme qui ne trouvent que rarement satisfaction. Cette pacification des revendications est par ailleurs l'une des digues de la classe dirigeante pour se prémunir de toute révolution. C'est pour cela que toute tentative de manifestation violente est extrêmement durement réprimée, à l'instar des condamnations à plusieurs années de prison pour de jeunes casseurs lors des soulèvements de Londres en 2011. Dans le même esprit, une loi votée récemment dans la République de Genève prohibe de fait toute transcription violente du mécontentement. Cette loi ne consacre pas plus la prohibition de la destruction de biens privés ou publics qui est fort logiquement déjà condamnée, mais elle fait porter la responsabilité de la globalité des actes violents de tous aux organisateurs des manifestations, indépendamment de leurs actes en tant qu'individus. Votée par une courte majorité des citoyens genevois incités par les images des manifestations de 2003 et 2009 mises opportunément en lumière par les partis bourgeois (et libéraux), elle fait renoncer à une liberté collective pour renforcer (dans une certaine paranoïa) un droit individuel, celui de la propriété privée. D'autant plus étonnant quand en regardant les images de ces manifestations, les déprédations ont été principalement portées sur les symboles de la grande bourgeoisie (banques privées, magasins de luxe, régies immobilières...) et en rien sur des biens relatifs à la classe égoïste (les vitrines des boulangeries étant restées intactes). Ce bannissement de la violence sociale et donc de toute révolution populaire a été, en tout cas à Genève, entériné par le peuple au profit de la classe bourgeoise.

Si bien assimilée par la classe égoïste, la non-violence revendicative, et conséquemment l'échec annoncé de toute forme de soulèvement par le bas, est portée par elle en son sein. Tandis que les révolutions sont destinées à changer fondamentalement et durablement le système, les révoltes égoïstes sont le regroupement ponctuel d'intérêts d'individus pour obtenir un peu plus dans un système qu'elles ne veulent pas modifier en profondeur. En cela, la violence ne pourra pas être prescrite par un nouveau régime qu'elle aura permis d'installer et leurs auteurs ne pourraient être affranchis de leurs responsabilités pénales. La violence judiciaire à l'encontre de ceux tentés d'user de la violence physique pour imposer leurs idées finira par dissuader toute tentative réfléchie. Les grandes figures des révolutions passées n'ont alors laissé que des mythes tandis que les figures récentes de la contestation sont plus des figures de proue idéologiques de cortèges syndicaux que des idéalistes déterminés. En cela, l'objet des révoltes égoïstes sera d'obtenir par le nombre des avantages sociaux tout en ne prenant aucun risque à titre individuel. Il sera question d'avoir plus pour soi et en rien de changer le système dans l'alibi de viser le bonheur de tous. La révolution populaire s'est transformée en l'expression bruyante des revendications individuelles.

XVII.
LES BIENFAITS DES ÉCHECS DE LA LUTTE DES CLASSES

Il y eut peu de révoltes ou de révolutions qui menèrent à un changement radical durable. La principale raison tient sans aucun doute à la nature profonde de l'être humain. Depuis sa prise de contrôle du monde, il l'a façonné à son image, d'abord pour survivre, puis pour se développer. L'Histoire, malgré des bouleversements liés à des rencontres entre civilisations qu'auparavant la distance avait fait s'ignorer, montrera une certaine constance dans le modèle de société qui résistera à toutes les luttes, qu'elles soient de civilisation ou de classes. Le premier grand bouleversement social est certainement à mettre au compte des débuts de notre histoire européenne dans la transition de la République romaine à l'empire. Dans cette première époque moins bien connue, nos lointains ancêtres avaient transcendé la logique hiérarchique animale, la loi du plus fort, pour instaurer un mode de fonctionnement de la société où sa destinée serait décidée par les citoyens romains. Mais cette organisation sociale, passant outre la loi animale, ne résistera pas aux bas instincts de l'être humain et un homme restera dans l'histoire pour avoir transformé la république en empire. Cet homme sera d'ailleurs l'un des rares à passer à la postérité et à traverser l'histoire comme un symbole et modèle alors qu'il n'aura que ramené l'homme dans son état de nature. L'exemple romain est également une bonne façon de montrer comment la caste au pouvoir, la classe dirigeante, par la violence et la loi du plus fort, s'est approprié le monde. S'opposant à cette loi de l'empire consacrant des sur- et des sous-citoyens, Spartacus et ses compagnons seront impitoyablement pourchassés et finiront, bien avant un certain Jésus, sur une croix. La question de la religion est aussi symbolique d'une certaine nécessité dans l'histoire de l'Homme. Les religions païennes et polythéistes étaient, à l'instar de la république, permissives et offraient une pratique relativement libérale et ouverte à tous. L'imposition dans la douleur de la chrétienté monothéiste obligera à un seul Dieu et une façon unique de croire qui réprimera toute déviance dans le sang comme elle l'a été elle-même quand elle tentait de s'imposer au monde polythéiste. Le cas romain montre que malgré l'idéal progressiste de l'homme ou de certains individus qui aspirent à s'affranchir des bas instincts animaux, la société dans son ensemble y revient indubitablement. C'est-à-dire à un système de hiérarchie dure entre les individus qui conduit à des classes qui s'asservissent mutuellement avec une force variable, créant un système à la stabilité relative qui implosera ou explosera pour revenir irrémédiablement à son point de départ.

Que ce soit dans les périodes de stabilité tyrannique ou dans les périodes de transition révolutionnaires, les classes supérieures ont, avec constance, gardé une position plus favorable que la classe inférieure. Paradoxalement, ce sont souvent ces dernières qui souffrent lors des bouleversements historiques. Le code de la guerre consacre d'ailleurs un traitement préférentiel aux officiers par rapport aux hommes du rang pourtant dans le même statut de prisonnier ennemi. Il n'y a guère que la révolution bolchevique de 1917 ou la tragédie de Katyn qui maltraiteront les favorisés avant le petit peuple. Les périodes de stabilité tyrannique, en plus de ménager tant bien que mal la classe inférieure pour qu'elle puisse continuer à servir celle d'en haut, restent dans l'histoire celles qui auront le plus contribué au développement humain. C'est donc sous le régime de l'empire que Rome s'est majoritairement étendue et s'est imposée dans le monde connu d'alors. Et c'est lorsque ce pouvoir oligarchique s'est affaibli que l'empire s'est écroulé sous le poids des invasions barbares et des revendications régionales. Paradoxalement, c'est dans les périodes les moins libérales que les États seront les plus forts. C'est sous le règne absolu du Roi Soleil que la France sera la première puissance mondiale, qu'elle sera le centre de l'Europe et qu'elle léguera ce si bel héritage à la postérité. Ils sont des millions chaque année, dont une part non négligeable de Français, à contempler avec une certaine fierté le majestueux château de Versailles, pourtant le symbole de 54 ans d'un règne d'un rare absolutisme. Ce sont plus de 36.000 ouvriers qui donneront leur vie pour les caprices et l'orgueil d'un roi, fût-il le plus grand roi de la terre. Néanmoins, les années d'oppression parfois meurtrière qu'imposera ce roi donneront à la France un magnifique château, inventeront les jardins à la française, offriront la musique de Lully, les théories économiques de Colbert, les fables de La Fontaine, la Manufacture royale des glaces, la pensée de Voltaire, et une fierté française qui s'impose aux millions d'étrangers qui viennent parfois de très loin pour visiter ce Château à Versailles. La mort du Roi en 1715 sera accueillie avec autant de tristesse que de soulagement au regard de ces décennies de monarchie absolue, laissant la place à un

Louis XV qui n'aura pas la poigne de son illustre arrière-grand-père. Son règne chaotique laissera la place à un seizième davantage éloigné encore des nécessités de la monarchie que son prédécesseur. Ce sera certainement ce manque d'absolutisme qui laissera l'opportunité à la révolution de 1789 de transformer profondément la France pour le meilleur, et surtout pour le pire. Bien qu'elles nous aient apporté la Déclaration universelle des droits de l'homme et une république nouvelle, les cinq années de troubles et le renversement de l'aristocratie ont ruiné en profondeur le pays et ont laissé irrémédiablement aux ennemis intimes d'outre-Manche le leadership en Europe. Ces lointains cousins Anglais qui, eux, opéreront une transition sociale douce, passant d'une monarchie absolue à une monarchie parlementaire, conserveront les acquis du passé tandis que les révolutionnaires exaltés français pillèrent Versailles et rasèrent la Bastille, les Tuileries ou encore Saint-Cloud.

Chassant le Tsar Nicolas II, la révolution bolchevique annihilera tout l'héritage de la monarchie pour s'imposer comme un nouveau système social où le prolétariat aura le pouvoir sur tout. Lénine faisait la promesse d'un État qui serait dirigé par le peuple et pour le peuple, espérant imposer au monde le bonheur soviétique par l'exemple russe. Et c'est dans cet esprit volontariste que ce peuple marchera sur Moscou pour en sortir leurs maîtres déchus et déclarer le bien-être du peuple dans une société égalitariste et dédiée au bonheur de tous. La mort prématurée du guide de la révolution ruinera néanmoins ces aspirations idéalistes en faisant ressurgir une nature humaine à peine dissimulée dans une lutte de pouvoir entre deux prétendants à la succession du premier des soviets. Ce fut certainement le plus psychopathe qui accaparera le pouvoir en faisant assassiner son rival. Il transformera alors l'idéal communiste de son prédécesseur en une tyrannie parmi les pires de l'histoire. Il hissera néanmoins son pays au rang de superpuissance pendant tout son gouvernement, au prix d'un écrasement sans précédent de cette classe prolétaire qu'il était pourtant censé représenter et garantir le bonheur. C'est lorsque Mikhaïl Gorbatchev voudra libérer son peuple et les peuples d'Europe de l'Est sous le joug de la tyrannie stalinienne depuis des décennies que l'empire soviétique s'effondrera sous la pression d'un monde occidental instrumentalisé par l'autre grande puissance dans une guerre froide sans but avouable. Néanmoins, c'est cette tyrannie qui a envoyé le premier homme dans l'espace, qui a doté la Russie de la première puissance nucléaire et d'un service de renseignement devenu plus secret encore que celui de son ennemi américain.

L'Amérique s'est depuis sa création prémunie de toute lutte de classe en marginalisant le concept de classe. Depuis le départ du Mayflower, et bien avant encore, l'exode promettait une terre où de belles promesses seraient tenues par la possibilité de s'enrichir sur ses propres mérites et où le système social ne serait pas une entrave. En cela, toute revendication de classe semble folle puisque le succès comme l'échec naissent d'une action individuelle et non pas d'un système global. Dans le monde américain du Far West, l'argent et la richesse sont des résultantes directes de la qualité et de la quantité d'un travail, et donc une juste rémunération. À l'inverse, le dénuement est le symbole d'une incapacité individuelle à prospérer dans une société où pourtant tout est permis. Le développement des États-Unis d'Amérique en tant que nation souveraine a pourtant fait émerger des classes sociales basées essentiellement sur la richesse et l'argent comme critère discriminant. Conséquemment, il n'y a pas de vieille aristocratie ou de clergé. Accumulant les richesses autant par leur cupidité que par leurs mérites, ces jeunes maîtres du nouveau continent ont alors pris les rênes du pouvoir laissé vacant par l'abandon des vieilles puissances européennes, pour en guider la destinée. Bien que ce soit à son profit et en asservissant une classe née égoïste qui, avec moins de cupidité ou de mérite, n'est pas parvenue à intégrer cette classe dirigeante, cette dernière a réussi à formaliser la première puissance mondiale, qui derrière son océan, donne aujourd'hui des leçons à la vieille Europe. L'échec de toute forme de constitution de classes, et donc de lutte entre elles, aura permis de fédérer toute une population et tout un territoire vers la satisfaction d'un but unique : celui de s'enrichir. En cela, l'Amérique aura créé une forme pure de classe égoïste, car ses membres se sont regroupés sur cette terre nouvelle pour, non pas former une société, mais pour s'enrichir individuellement. La seule revendication de classe que l'Amérique des capitaines d'industrie et des marchands de biens de Veblen a connue s'est formalisée par le mouvement appelé « Occupy Wall Street ». Bien que les classes sociales aient toujours existé de fait chez l'Oncle Sam, c'est la première fois qu'une catégorie de population se revendique comme inférieure à une certaine classe dirigeante, en l'occurrence celle de Wall Street. Il y a toujours eu une classe dirigeante comme l'a fort bien décrit Veblen et qualifié de « Classe de loisir » (Leisure class), mais elle-même ne s'est jamais considérée comme telle pour garder l'illusion de l'Amérique où tout est possible. Ainsi, faute de classe dirigeante clairement identifiée, il est difficile d'y fédérer une opposition. Néanmoins, l'insolente réussite des États-Unis d'Amérique montre que le système, bien que pervers, permet de faire progresser, du moins économiquement, le pays et dans une certaine mesure toutes les strates de sa population.

Les échecs des révoltes de classe et l'exploitation en résultant sur le long terme d'une classe par une autre par le bâton ou la carotte auront permis l'enrichissement global des sociétés, bien que cet enrichissement ait bien plus profité à une classe qu'à l'autre. Ces poissons-pilotes de l'histoire que je nomme ici « classe égoïste » se sont d'ailleurs implicitement rangés derrière les revendications de la classe dirigeante qui réprouve et réprime toute forme de contestation, et étouffe toute trace de lutte des classes. Car elle a assimilé que son statut de classe moyenne pouvait être menacé par le chaos et lui faire perdre les miettes que la classe dirigeante lui laisse. Ce qui explique sans doute l'absence de soulèvement populaire profond depuis la consécration de la classe égoïste dans les années 1960-70.

XX.
ÉGOÏSME ET EGOCENTRISME

Pour résumer en quelques mots, l'égoïsme est la tendance à subordonner l'intérêt d'autrui, et plus justement encore, l'intérêt général, à son propre intérêt. Néanmoins, il y a une distinction à faire entre l'égoïsme au sens strict qui veut que l'on privilégie le soi au détriment des autres de façon plus ou moins consciente et sa variante où cet égoïsme se manifeste de manière totalement inconsciente : c'est l'égocentrisme.

Notre société est basée sur un modèle égoïste comme exposé dans les nombreux chapitres précédents. En cela, entouré de ses homologues, l'individu égoïste ne se sent pas égoïste puisqu'il se compare à ses semblables dans une dimension unique qui est celle de la société dans laquelle il évolue à son époque. Il croit donc sincèrement être un être naturellement généreux et ne l'entend pas autrement puisqu'il est dans la normalité. Il est souvent honnête dans sa profession de foi, et devient alors égocentrique. L'égocentrisme, c'est l'ego, le soi, au centre de tout. Les définitions encyclopédiques des termes égoïsme et égocentrisme sont en cela très proches l'une de l'autre. Mais tandis que l'égoïste sait qu'il se fait du bien au détriment de la société ou qu'il néglige cette dernière devant la primauté de son intérêt, l'égocentrique applique le même raisonnement, mais en pensant naïvement (ou non) faire du bien. C'est dans l'éducation primaire des enfants qu'on leur inculque d'être égocentriques, suivant le fameux adage « ne fais pas aux autres ce que tu n'aimerais pas qu'on te fasse ». L'antinomie qui en découle veut que l'on fasse aux autres ce que l'on aimerait qu'on nous fasse. Dans un sens comme dans l'autre, l'action de l'individu sera initiée en fonction de lui et pas en fonction de l'autre ou de l'intérêt général. En cela, il pourra penser faire une bonne action alors qu'il ne l'aura orientée qu'en fonction de lui. L'individu égocentrique va se dire qu'il fait du bien aux autres alors qu'il ne se fait du bien qu'à lui. L'exemple de la période de Noël est caractéristique de l'expression de cette pensée égocentrique dans une saison qui appelle à la générosité ambiante. Noël, de nos jours, c'est avant tout les cadeaux. Les enfants les attendent avec impatience et les adultes sont tiraillés entre l'excitation d'en recevoir et le dilemme socio-économique qu'offrir leur inflige. Et ce sont ces actes d'échanges, d'achats et de transmission de valeur qui vont permettre à cet égocentrisme de s'exprimer pleinement. En effet, lors de l'achat d'un cadeau, l'acheteur va le choisir, non pas en fonction de celui qui va le recevoir mais en fonction de lui, de ce qu'il est disposé à transmettre économiquement, des retombées sociales risquées et de ses goûts à lui. La décision sera enfin pondérée par l'attente estimée du receveur, mais elle n'en sera de loin pas le critère principal. C'est suivant ces mécanismes que le livre à la mode sera un « best-seller », que seront vendus en masse les DVDs du dernier blockbuster ou que les boîtes cadeaux auront autant de succès. Dans ces achats, il y a trois critères qui entrent en jeu. En premier, le coût économique de l'achat pour l'acheteur. Il connaît le prix d'un livre, d'un DVD ou d'une boîte cadeau. Il reste très raisonnable au regard du salaire moyen. Ensuite, il va calculer les retombées sociales. Offrir l'un de ces classiques représente moins de risque de choquer qu'offrir, par exemple, un sex-toy ou un animal exotique. Même si le présent ne plaît pas, son initiant ne pourra pas être soupçonné d'être en dehors de la norme. Enfin, les goûts étant de plus en plus standardisés, au regard notamment de l'économie de marché de masse, l'acheteur choisira quelque chose qui lui semblera proche de ses goûts et du « bon goût » général puisqu'après tout, il a bon goût par défaut. La meilleure preuve que cet égocentrisme tire ses racines dans l'égoïsme est qu'une part de plus en plus importante de ces cadeaux finit sur le marché d'occasion. Cette action du receveur est, elle aussi, un réflexe égocentrique puisque loin de considérer le cadeau comme un présent du cœur de l'offreur, il le considère comme une valeur marchande pour lui-même. L'égoïste répondra à cette invective que c'est son cadeau, qu'il en fait ce qu'il en veut et que, comme c'est à lui, cela ne regarde que lui-même. L'égocentrique répondra, lui, que l'acheteur a voulu lui faire plaisir indépendamment de l'objet et que ce n'est donc pas important s'il l'échange contre un bien qui lui fera davantage plaisir. Qu'après tout, cela ne le dérangerait pas, lui, à l'inverse. L'égocentrique pense que l'important pour l'acheteur est de faire plaisir à un instant T, même si ce plaisir devient anonyme et dématérialisé. On peut considérer en cela que l'égocentrisme est une version plus naïve ou plus hypocrite de l'égoïsme. L'égocentrisme part d'un bon sentiment, mais montre l'incapacité structurelle de l'individu à sortir du moi et à se mettre à la place de l'autre. En se rapprochant de la psychiatrie, on pourrait apparenter l'égocentrisme à la psychopathie et l'égoïsme à la perversion. Le premier fait du mal parce qu'il est dénué de toute capacité à ressentir et à faire la différence entre le bien et le mal social tandis que le second fait du mal en toute conscience et y prend un plaisir... égoïste.

Là où les deux notions se rapprochent, c'est que l'égocentrique auquel on démontre sa naïveté ou son hypocrisie n'en devient pas vertueux pour autant. Il commencera par justifier son comportement par des arguments relativement fallacieux démontrant souvent une indubitable mauvaise foi, et terminera soit en coupant court à la discussion, soit en dénigrant l'interlocuteur, les réflexes ne changeant pas pour les actions futures. Il est vrai qu'il est très difficile de se mettre à la place de l'autre et a fortiori de considérer l'intérêt général, mais l'expérience a montré que beaucoup des individus considérés ne s'embarrassaient pas de ce genre de propos, restant à leur adage d'enfant qui consiste à faire, ou à ne pas faire, aux autres ce que l'on aimerait bien, ou pas, que l'on nous fasse. C'est dans ce sens que beaucoup de gens font du mal en pensant faire du bien suivant la maxime qui révèle que l'enfer est pavé de bonnes intentions. En cela, doit-on condamner les comportements égocentriques au même titre que les comportements égoïstes et les lier intimement ?

Dans une certaine mesure oui, si l'on considère la classe égoïste comme une catégorie d'êtres au cerveau efficient qui pensent et agissent de manière rationnelle. En effet, s'il en était ainsi, il n'y aurait point de naïveté considérable dans leur comportement et l'égocentrisme serait alors quasi-jumeau de l'égoïsme. Les rationalistes, tel Descartes, ne considéreront qu'un seul concept réunissant les deux notions. Si l'on considère l'individu comme un être irrationnel aux capacités de jugement limitées et perverties par de nombreux facteurs et notamment une sorte de « promiscuité sociale », finalement, l'égocentrisme peut paraître un mal moins pervers que pour un rationaliste. L'individu pourrait être absous de ses péchés égoïstes s'il n'avait dans l'esprit de faire le bien et n'avait en cela aucune intention égoïste. Dans ce deuxième cas néanmoins, on peut se questionner sur les réactions à la révélation de cette naïveté. Un souffrant que l'on soigne devrait être reconnaissant à son médecin et modifier à jamais son comportement pour tendre vers plus de vertu. Il paraît évident qu'un fumeur qu'on sauve d'un cancer du poumon aura à cœur d'arrêter de fumer. Mais de ce qu'il m'a été donné d'observer, l'individu s'arc- boute dans ses certitudes, transformant alors la naïveté en hypocrisie.

L'égocentrisme, bien qu'apparemment moins pervers, n'en est pas pour autant moins destructeur pour la classe égoïste dans son ensemble. L'égocentrique est en effet un égoïste de fond qui veut faire acte de générosité, ce qui continue de faire de lui un être égoïste. Il agit en fonction de lui et croit faire du bien tout en gardant à l'esprit que cela pourrait lui en faire à lui indirectement ou dans une autre situation. L'égocentrique offrira un présent parce que lui a envie de faire plaisir à un tiers. Le jour où il n'aura plus plaisir à faire plaisir pour des raisons qui lui sont propres, il n'aura plus aucune considération pour le tiers en question. Il ne s'agit donc en rien d'un acte désintéressé, mais d'une action qui apporte un bénéfice indirect soit par l'attente d'un retour, soit par un besoin d'extériorisation d'un sentiment. On câline quelqu'un que l'on aime, le jour où l'on ne l'aime plus, peu importe ses envies, on ne le câline plus. Un exemple toujours très parlant est celui de la sexualité. Lorsqu'un homme et une femme font l'amour, la seconde a le sentiment de s'offrir pour le plaisir du premier. Or, c'est avant tout pour elle-même qu'elle se donne à l'autre par nécessité d'extérioriser certains sentiments spécifiques et attente d'un plaisir que seul l'homme peut lui donner. Le jour où elle n'aura plus ce besoin ou cette espérance, elle abandonnera l'homme qui n'ayant mot dire, devra subvenir à ses besoins autrement. C'est conséquemment qu'un immense marché économique s'est développé pour pallier les déficiences du marché « de gré à gré » du sexe. Certains disent que le monnayage du sexe par les femmes est le plus vieux métier du monde, ce qui tend à démontrer la véracité de l'hypothèse. Une femme donne « égocentriquement » et se refuse égoïstement. En cela, l'homme a organisé, via la prostitution, un palliatif économique pour contourner l'égoïsme féminin. Cet égoïsme ne serait pas à critiquer si, à l'opposé, les femmes ne souffraient pas également de cette situation. En premier lieu parce que la frustration sexuelle organisée rend les hommes également égoïstes et ne leur permet plus nécessairement de trouver réponse aux attentes féminines, mais également parce que les femmes, de plus en plus, cherchent elles aussi des solutions à une frustration réelle dans l'économie de marché. Dans cette illustration grivoise, la classe égoïste par son égocentrisme contribue à s'aliéner à l'économie de marché dans un domaine qui pourtant paraît à l'abri de toute velléité mercantile. Cet exemple, bien qu'atypique dans ce type d'ouvrage, est particulièrement intéressant parce qu'il met en lumière le principal levier de la classe dirigeante pour imposer un contrôle pernicieux sur la classe égoïste.

Pour revenir à la notion d'égocentrisme, il faut mettre en lumière que plus encore que dans la vision égoïste, l'intérêt de l'initiant peut aller dans l'intérêt de la cible ou de l'intérêt général. Mais il faut garder à l'esprit que comme pour l'égoïsme, l'initiative viendra de la recherche d'une satisfaction pour soi. La principale différence entre l'égoïsme et l'égocentrisme reste le niveau de conscience supposé de l'initiant et de la récurrence des actions dans le temps. En effet, un égocentrique qui change de vue envers une cible ou la société sera immédiatement rendu au statut d'égoïste. Il aura été faussement généreux un temps que parce qu'il y trouvait un intérêt pour lui-même sur le court terme. Il n'y aura eu aucune générosité même si elle fut feinte. En revanche, un égocentrisme naïf et sur le long terme pourra apparaître comme une vraie générosité. La définition du terme qui pourrait faire passer de l'un à l'autre des statuts peut porter à discussion. En effet, à quel moment ou pour quel évènement peut-on légitimement arrêter d'être généreux sans pour autant se révéler égocentrique ou égoïste ?

Il est difficile de répondre à cette question tant les situations peuvent être diverses. On pourrait penser que si la cible s'est montrée ingrate, il est légitime de mettre fin à une générosité. Mais il signifierait qu'on attendait quelque chose de cette générosité et que c'était au final égocentrique. On pourrait aussi considérer que si quelqu'un nous fait du mal, on est en droit de devenir égoïste. Mais cette notion de faire du mal est très égocentrique. L'autre n'en avait peut-être pas l'intention ou ce que l'on ressent comme du mal ne peut objectivement pas l'être, mais être un ressenti égocentrique puis égoïste de notre part. Par tout cela, la frontière entre les deux notions est très perméable et l'appréciation du niveau de conscience sera relative à chacun. C'est d'ailleurs cette relativité qui offrira le plus d'opportunité de critiques à cet ouvrage.

XXI.
AMOURS ET AMITIÉS ÉGOÏSTES

L'amour est sans aucun doute la nouveauté du XXe siècle, bien qu'il ne soit en aucun cas un sentiment contemporain. Si peu que toute la littérature classique en fait l'éloge. Mais le XXe siècle a fait sortir ces bons sentiments des romans pour les diffuser très largement dans la population. Contrastant avec la barbarie des guerres, l'amour est exalté pour se placer en tête des valeurs qui meuvent la société moderne. C'est une sorte de démocratisation qui s'est opérée sur le terrain sentimental puisque jusque-là, ce noble sentiment était justement réservé à la classe dirigeante qui, seule, pouvait se l'offrir. Il n'y a bien que les vies de cour qui rapportent des histoires rocambolesques d'amants et de maîtresses qui venaient agrémenter la vie des puissants comme un loisir que les classes populaires ne pouvaient se permettre. Il y avait alors la compagne officielle, consacrée par un mariage religieux, et les maîtresses qui étaient essentiellement source de plaisirs sentimentaux, alors que l'épouse assurait les tâches régaliennes dédiées aux femmes. Ce système qui a traversé les siècles et accompagné la monarchie jusqu'à sa chute a d'ailleurs consacré certaines maîtresses bien plus que les épouses légitimes. Ainsi, dans les cours comme dans les bourgs et faubourgs, on se mariait pour des motifs davantage pragmatiques qu'amoureux. On pouvait par ce biais créer des symbioses entre des familles pour assurer leur pérennité, gravir les échelons de la société pour un(e) roturier(e) ou encore assurer une survie décente pour les familles les moins favorisées. L'amour n'était qu'un artifice de roman, et c'est certainement pour cela que tant d'écrivains en faisaient leur sujet de fond.

L'amour a été porté aux nues par la classe égoïste à son apogée, c'est-à-dire dans la seconde partie du XXe siècle. Rejetant tout ce qui pouvait rappeler l'ordre ancien qui a conduit au plus grand carnage de l'histoire de la guerre, l'amour lui semblait alors le sentiment le seul capable de contredire les aspirations guerrières de l'homme. Il en résultera dans les années 1960 un slogan largement assimilé dans la population : « Faites l'amour, pas la guerre. » Symbole du mouvement hippie, l'amour devint le critère discriminant des relations entre les sexes. Certes, les vieux réflexes n'ont pas totalement disparu et les mariages ou unions d'intérêt existent toujours, mais c'est bien l'amour qui est entré, par la grande porte, dans la normalité. Bien que l'expression fût habilement détournée pour donner prétexte à des orgies sexuelles par une génération du baby-boom voulant rompre définitivement avec la sobriété belliqueuse des aïeux, le retour à la vertu déclenché par une austérité due notamment aux crises pétrolières lui rendra sa dimension sentimentale, même si l'expression « faire l'amour » est restée pour désigner, avec un romantisme parfois de pure forme, une relation sexuelle animale. Alors que c'est l'argent qui est le critère discriminant généralisé dans la société et qu'il s'impose comme valeur universelle, les idéologues promoteurs du système égoïste y ont associé l'amour comme cache-sexe censé être le critère absolu pour juger des relations entre les sexes, des relations « amoureuses ». Cet amour universel est promu par les médias dans leur ensemble, via « l'entertainment » notamment, en religion qui transcende toutes les classes sociales. L'amour est par sa nature l'antithèse de la barbarie guerrière mais également de la cupidité, de l'avarice et bien sûr de l'égoïsme. Il est mis en avant comme une valeur égalitaire de partage qui touche tout le monde sans discrimination et qui donne un espoir à chacun de trouver le bonheur s'il ne peut le trouver dans la course à l'accaparement de l'argent, à la consommation ostensible et donc à toutes les autres valeurs que le système promeut. Il apparaît alors être l'antithèse du système égoïste et détourne les esprits du scepticisme qui pourrait les faire se questionner sur la pertinence de ce système dans son ensemble.

Sans entrer dans des considérations purement sociologiques, une donnée simple permet sans débat de montrer que la mise en avant de l'amour n'est en rien un antonyme du système égoïste, mais en plus d'en faire partie, en est sans doute la meilleure illustration. Il s'agit du taux de mariage d'étain (10 ans) rapporté à la population totale. Dans tous les pays développés ou en développement où s'impose le système égoïste, il est en chute libre. Plusieurs facteurs statistiques l'expliquent. En premier, celui du taux de nuptialité qui a été divisé par deux en quarante ans et le taux de divorce qui lui a été multiplié par le même facteur, si bien qu'au final un mariage sur deux se termine par un divorce dans les pays occidentaux. Certes, l'obsolescence des dogmes religieux a rendu la pratique du mariage moins systématique, qu'il soit à l'église ou à la mairie, mais l'augmentation des unions libres, loin de donner une explication heureuse au phénomène, accentue la notion d'égoïsme dans les rapports entre les sexes. Intimement reliée à la notion d'égoïsme, la notion de liberté est attachée à celle de l'amour. Tandis qu'avant la « révolution égoïste » les couples soumis aux rapports d'intérêts mutuels tendaient à une certaine stabilité assumée, le recentrage sur l'individu égocentrique qui s'accouple sur un concept abstrait comme le sentiment amoureux aura tendance à défaire les couples dès que ce sentiment volatil aura disparu. Au regard de la durabilité des couples, l'amour n'est donc en rien un sentiment généreux, mais un sentiment purement égoïste.

Langage abstrait du cœur, l'amour entre deux individus « marketé », notamment par la machine médiatique, comme étant universel et pouvant réunir deux êtres que tout oppose, est en réalité l'expression romantique de critères d'attirances pourtant très concrets. Bien que l'attirance et l'amour qui en résulte puissent paraître arbitraires, on constate que les deux parties d'un couple sont très souvent issues de milieux sociaux similaires sinon que l'homme est plutôt positionné légèrement au-dessus de sa femme. Même si la société dans son ensemble réfute ce fait, les confidences des individus indiquent sans détour qu'une femme cherchera un homme avec du pouvoir, comme l'a déclaré devant une caméra une future première dame de France, et un homme cherchera une femme qui l'admire, notamment de par ce qu'il est socialement. Il y a également la même analogie avec le pouvoir, ou la liberté qui en découle. La petite oligarchie que forme la classe dirigeante peut feindre de s'affranchir des considérations intéressées pour consacrer l'amour dans la naissance des unions puisque son cloisonnement du reste de la société et notamment de la classe égoïste lui permet de s'unir en interne pour le meilleur. La classe égoïste, elle, de par sa diversité et son hétérogénéité, souffrira beaucoup plus de mariages d'amour qui par essence ne produisent pas de valeur et peuvent s'avérer destructeurs à long terme.

La mise en avant de l'amour par la classe dirigeante dans les rapports entre les sexes est un instrument de domination de la classe égoïste par division de celle-ci et par exploitation des failles du marché (de l'amour). En premier lieu parce que tant l'occupation du célibat que de la recherche de l'âme sœur, donc idéale, créent des marchés financièrement très rentables pour des capitaines d'industrie ingénieux. Le marché de la pornographie et des choses du sexe, les facilitateurs de rencontres, les productions dédiées à la séduction, les marchés de la beauté du corps et ses dérivés, ou autres concepts dédiés aux célibataires par définition malheureux, sont autant de sources de profits énormes aux dépens d'une classe égoïste à qui l'on a fait assimiler que pour être heureux, il fallait trouver l'amour avec un grand A. Le sexe animal, lui aussi, est l'objet d'un intérêt financier des industriels. Et tandis qu'un couple épanoui et établi ne consomme que peu de produits de l'industrie sexuelle, le célibataire en consomme énormément, que ce soit en médias pornographiques, en jouets sexuels auxquels on tente de convertir les femmes jusque-là peu intéressées, ou même en préservatifs, marché qui a fait émerger des multinationales spécialisées. Pour prolonger le célibat et le faire se reproduire dans une vie, il faut donc fragiliser les couples. C'est dans cette optique qu'en plus d'avoir choisi l'amour en critère exclusif d'union, il a fallu aller contre la nature de l'homme en y imposant la fidélité sexuelle. Même si dans l'histoire bien peu d'écrivains n'eurent fait une ode à la fidélité sexuelle, qu'aucun dirigeant ne puisse montrer l'exemple, que l'homme de la rue admette honteux que l'homme est homme et qu'il n'est pas un animal fidèle à une seule femelle, la classe dirigeante moderne, plus durement encore que la classe savante, a réussi à imposer la fidélité sexuelle. Cette fidélité sexuelle impossible à tenir permet ainsi le développement des nombreuses activités de substitution, décrites plus haut. Au regard des valeurs égoïstes, changer de partenaire sexuel est pécher, mais la consommation de médias pornographiques ou de jouets sexuels de substitution ne l'est pas. Le double avantage de ce système est qu'il pousse à la consommation des couples bien établis ou il les détruit pour une infidélité effective ou désirée (virtuelle).

Tandis que la classe savante disparue a voulu par la religion contrôler les esprits au travers de la sexualité pour la soumettre à l'ordre social de la classe souveraine d'antan, la classe dirigeante nouvelle n'y voit que des aspirations pécuniaires. L'amour est donc un puissant allié dans la mission de division et de contrôle d'une classe égoïste qui par un intérêt immédiat (l'amour ressenti) balaye et se prive d'une chance de progrès social par symbiose des individus de sexes opposés. L'amour est par définition un sentiment égoïste parce qu'il naît à l'intérieur d'un individu par attirance unilatérale pour un autre. Il s'épanouira en absorbant chez l'autre ce qu'il sera nécessaire pour que ce sentiment perdure, et une fois le carburant manquant, il s'éteindra pour peut-être renaître ailleurs. La création d'un couple égoïste est conséquemment la réunion, fortuite en apparence, de deux amours individuels croisés. Fortuite en apparence parce que l'amour naît de la conjonction de critères inconscients, mais toujours rationnels, comme la position sociale ou la fortune. Et bien que cette rationalité ait été ostracisée pour des motifs pécuniaires, elle continue insidieusement à guider les individus égoïstes dans leur quête d'un parti intéressant. L'amour ne devenant alors qu'un prétexte social.

Largement moins mise en valeur par la société moderne, l'amitié est un sentiment qui obéit aux mêmes mécanismes que l'amour, sinon qu'il n'a plus rarement fait l'objet d'un romantisme exacerbé. L'amitié pourrait paraître comme un sentiment rationnel quand l'amour, lui, semble transcender toute raison. Alors que le terme originel consacrait une notion d'affection et d'union entre deux individus, le sens du mot ami a glissé jusqu'à signifier un contact presque anonyme dans un réseau social. L'ami qui ne se différenciait de l'amant que pour des questions d'attirance physique ou de bienséance est devenu un concept qui donne un qualificatif mélioratif à une personne que l'on (re)connaît plus ou moins. Le terme d'amitié a été progressivement vidé de sa substance pour devenir le mot reliant deux personnes approximativement en contact (actif ou passif). Au sens idéaliste du terme, l'ami, ou le copain, est celui avec qui l'on partage (le pain), non pas parce que l'individu a en excédent, mais parce qu'il ne peut sacrifier son alter ego à son égoisme. Il est question de don de soi pour l'exo-moi que l'on considère dans ce cas comme son ami. Le renoncement à son égoisme sous le concept de l'amitié est alors en contradiction frontale avec la société égoïste telle qu'elle a été bâtie. Il n'est dans ce modèle, qui prône la liberté au-dessus de toute autre valeur, que contradiction que de vouloir la restreindre au nom de quelqu'un d'extérieur, fût-il un ami. Il apparaît, dans cette optique égoïste de course à l'accaparement de l'argent et de la capitalisation ostensible des biens, que l'on peut renoncer à une partie de son capital pour le transmettre sans contrepartie à un potentiel compétiteur. C'est dans cet esprit que le concept d'amitié, qui unit les individus pour les rendre plus forts ensemble, a été vidé de sa substance pour faire naître une nouvelle définition compatible avec l'esprit de classe égoïste. Dans une sorte de « main invisible du système égoïste », l'amitié originelle s'est transformée en une relation égoïste privilégiée. L'amitié consiste au final en une relation mutuellement et égoïstement profitable entre individus. Tandis que le mariage consacre l'expression « pour le meilleur et pour le pire » comme pour conjurer le naturel de l'Homme, l'amitié égoïste a tronqué la dernière partie pour se nourrir que du meilleur d'une relation avec autrui et s'affranchir de toute responsabilité sentimentale ou sociale si l'occasion l'enjoint. Ainsi, l'amitié est uniquement une relation entre plusieurs personnes, qui apporte à chacune un avantage qu'elle ne peut trouver seule. En excluant toute question sentimentale, on segmente ses relations en fonction de ce que chacun peut apporter. Expertise dans un domaine, agrément social, relations sexuelles, intérêts pécuniaires... On partagera certaines choses avec certaines personnes en fonction de l'avantage que la personne nous apportera dans le domaine souhaité, et l'on s'affranchira de tout rapport avec une personne qui n'apporterait plus rien. C'est dans cette optique toute libérale qu'une relation entre des individus perdurera tant que les personnes y trouveront un avantage individuel égoïste. Entrée profondément dans les mœurs et tacitement connue et acceptée par tous, cette forme d'amitié restera superficielle puisque l'autre étant par essence égoïste ; il s'agira de s'investir le moins possible dans une relation qui pourra à tout moment se révéler être une mauvaise affaire. Se met alors en place la règle du « moins-disant ». La relation d'amitié étant par essence égoïste, l'autre est un paramètre qui échappe à notre volonté, puisque l'être humain n'obéît qu'à la sienne (et réciproquement). L'individu, uniquement guidé par ce qu'il va pouvoir gagner d'une relation amicale tout en tentant de limiter ce qu'il pourrait y perdre, va logiquement donner le moins possible n'étant pas certain de pouvoir récupérer de l'autre son investissement avec, si possible, un gain. Il est, à la base, conscient que l'autre a le même raisonnement puisqu'il est son homonyme de classe. C'est par ce mécanisme que la relation s'établit sur le minimum que chacun est prêt à risquer de perdre dans cette relation. C'est la relation du « moins-disant ». Si la contrepartie est satisfaite de ce qu'elle reçoit au regard de ce qu'elle donne, la relation se crée ou se poursuit. Si elle en réclame davantage, bien souvent la relation se trouve dans un déséquilibre et s'arrête. Le plus demandeur, finissant, s'il est de bonne foi, par être spolié en plus de déçu.

L'Homme, conscients intimement de ce rapport intéressé, de nombreux tabous émergeront des rapports d'amitiés égoïstes comme l'argent, la politique ou les questions sociétales de fond. L'argent devient un sujet tabou, car il met en danger le prêteur qui, au nom de l'amitié, devrait prêter sous le régime de la confiance. La limite de ce système est que la confiance est en réalité corrélée à l'évaluation monétaire que la relation, l'amitié, vaut à terme pour l'emprunteur. Si cette dernière est supérieure à la somme à rembourser, le prêteur peut envisager de retrouver son argent. Dans le cas contraire, il perd son argent et sa relation avec l'emprunteur. C'est pour éviter ce savant et hasardeux calcul qu'il n'est plus de bon ton d'avoir des rapports financiers directs ou indirects entre amis. Les sujets de société tels que la politique ou la religion sont également-

ment des sujets tabous puisqu'ils peuvent potentiellement dégrader le capital sympathie des débatteurs et
rompre une relation superficielle. Ainsi, on s'entourera
des gens qui ont les mêmes opinions politiques, peut-
être au sein d'un parti, pour afficher et discuter, tout en
étant d'accord, des questions politiques. Suivant cette
logique, un cercle dit d'amis est un ensemble de gens
que l'on fréquente pour accomplir des tâches spécifiques dans des temps définis sans engagement personnel. Toujours dans cette logique, l'amitié se voulant à
somme nulle, il est de moins en moins question de
quelconque transfert de valeur qui déséquilibrerait par
la relation le rapport de force dans l'accaparement et la
capitalisation de l'argent. C'est pour cela que l'on a tendance à partager de manière comptable l'addition dans
un restaurant au lieu d'un partage égal ou équitable.
Cette comptabilité aura pour but pour chacun des protagonistes de s'assurer que personne n'aura profité aux
dépens de l'autre, que dans la course à l'accaparement
des biens et de l'argent, aucun n'aura pris l'ascendant
sur l'autre. Poussant son système à son paroxysme et
aidé d'un outil tentaculaire et qui s'impose à tous
comme Internet, les intérêts réciproques pour les activités de loisir se rencontrent sur le réseau entre des
personnes sans aucun lien affectif ni même de connaissance. Ces relations égoïstes éphémères permettent de
satisfaire le besoin sans pour autant prendre quelconque engagement à terme. Acceptant de fait la super-
ficialité du concept des relations amicales, les individus
se tournent plus vers ce réseau pour satisfaire des besoins à la hiérarchie variable sur l'échelle de Maslow,
réduisant d'autant la consommation hors marchés pour
la consommation marchande. C'est-à-dire qu'au lieu de
faire appel à un ami plombier pour réparer gratuite-
ment une fuite (en échange d'un éventuel service en re-

tour), l'individu égoïste préférera s'offrir les services d'un plombier professionnel. Par ce système, il n'aura pas à se sentir redevable auprès d'un compétiteur direct et n'aura pas à montrer une certaine vulnérabilité quant à la résolution d'un problème. Il s'affranchira également d'un certain laxisme de cet ami plombier qui, parce qu'il n'a rien à gagner directement, ne donnera pas la qualité (professionnelle) que le demandeur attend. La classe dirigeante a tout intérêt à réduire, par l'affaiblissement des rapports humains, la consommation hors marché puisqu'elle n'y gagne rien. Elle doit en revanche mettre en avant l'économie de marché comme substituant aux échanges privés. Parce que tandis qu'elle prélève de fait une partie de la valeur sur un échange marchand, elle ne tire rien d'un échange dit « de bons procédés ». Cela revient alors à conclure que même sur ce qui devrait ressortir des sentiments humains au sens strict, la classe dirigeante parvient à prélever un bénéfice au détriment de la classe égoïste, et avec son plein assentiment.

L'amour et l'amitié sont au final des sentiments subordonnés aux sentiments égoïstes et finissent, par la dilution de leurs sens profonds, à obéir à une logique de marché. La seule différence avec les rapports marchands tels que définis par les règles du libéralisme, c'est qu'ils ne font normalement pas l'objet d'un échange d'argent direct.

XXV.
La fraude égoïste

Ce chapitre aborde les côtés les plus sombres de la rivalité pécuniaire qui caractérise la classe égoïste. À l'instar du dopage dans le sport encouragé par une nécessité de plus en plus impérieuse de gagner, l'accaparement de l'argent dans le but de jouir plus et plus que ses pairs peut aussi inciter à user de méthodes parfois peu recommandables. Il convient tout d'abord de distinguer la loi de la morale. En effet, dans des situations délicates, les individus n'hésitent pas à jouer sur ces distinctions dans une mauvaise foi inouïe pour tenter de s'échapper à bon compte d'une situation où leur culpabilité est non dissimulable. On dit dans les premiers cours de droit que la loi est issue de la morale. Cet enseignement était certainement vrai à une époque où la religion guidait les mœurs, où une classe savante l'imposait aux esprits et où le néo-libéralisme n'existait pas. Parce que par définition le capitalisme libéral est amoral, les lois qui le régissent ne peuvent logiquement pas être une formalisation de la morale. Loin donc de découler de cette morale universelle, les lois sont, originellement, la transcription de l'intérêt général. Ou par induction, les lois sont destinées à brider les libertés individuelles au nom de l'intérêt général. C'est à partir de ce concept que trois visions de l'État s'opposent. La vision libérale, portée par les Anglo-Saxons et leurs figures de proue telles que l'incontournable Smith, Thomas Jefferson, Milton Friedman ou Margaret Thatcher, consiste à cantonner l'État aux tâches régaliennes et à imposer le moins de contraintes possible pour que l'initiative privée puisse pleinement s'exprimer. Les lois sont très générales et flexibles, et sont souvent précisées par la jurisprudence, donnant à un jugement sur une affaire privée force de loi. La primauté des rapports entre les individus est alors issue du contrat implicite ou explicite entre les parties. Suivant les préceptes de Smith, les garants de la nation s'appuient sur sa main invisible du capitalisme pour que la somme des intérêts particuliers fasse l'intérêt de l'État. À l'opposé, la vision socialiste ou communiste place un État central au milieu de tout. Elle a été prônée par Marx, Lénine et beaucoup d'opportunistes qui ont usé de la promesse d'une société plus juste et d'une lutte contre le grand capital pour s'approprier le pouvoir et installer des autocraties. Cet État décide tout et organise la vie des citoyens en fonction de lois très précises et clairement établies. Cet État est très centralisé et obéit à une hiérarchie forte. La justice est dans les mains du pouvoir exécutif et le pouvoir législatif est purement figuratif. Dans ce système également, il est question de la sauvegarde de la nation et du bonheur du peuple. Néanmoins, contrairement au système libéral, il réprime les instincts naturels de l'homme au lieu de les détourner au profit de tous. En conséquence, l'application des lois y est souvent très sévère et sa veille est assurée activement par l'État au nom de l'État au lieu d'être garantie par les personnes au nom de leurs intérêts propres. La troisième vision de l'État est celle qualifiée de colbertiste. Invention française portée par Colbert, Thomas Hobbes, Willy Brandt, ou même, dans une certaine mesure, Vladimir Poutine, elle est une sorte de mélange entre les deux autres systèmes. Les libertés individuelles sont garanties, mais dans la limite de l'intérêt de l'État au-dessus de tout. La loi y régit les relations entre les individus, mais la justice est indépendante et les lois sont flexibles dans leurs applications. Ces États sont également très centralisés, mais restent démocratiques. Ces trois systèmes font des corrélations différentes entre la loi et la morale, même si pour tous, la loi est en principe moins restrictive que la morale. La victoire finale du capitalisme libéral sur les deux autres systèmes a donc fait doucement s'éclipser la morale qui guidait les sociétés primitives vers le repère de la loi pour normaliser les relations entre les intérêts individuels. L'effet pervers de ces choix de société est que la loi, s'adaptant moins vite et étant moins large que la morale, elle laisse toute latitude pour les moins scrupuleux de prendre l'avantage sur les plus civiques, faisant de la société un espace de plus en plus amoral voir immoral.

Partant de ces constats, deux types de fraudes sont à distinguer. Le premier est celles qui enfreignent la loi (et par corrélation la morale) et le second celles qui contreviennent à la morale sans pour autant transgresser la loi. Comme par définition, la loi (et la morale) bride les intérêts particuliers au non de l'intérêt général, la classe égoïste va régulièrement s'en affranchir pour augmenter sa liberté individuelle au détriment de la collectivité ou pour prendre un avantage dans la rivalité pécuniaire. Dans une société où les intérêts collectifs sont minorés au profit des intérêts privés, la seule opposition à cette acquisition illégale de liberté sera sa contestation par un autre intérêt spolié. La réduction de la force publique de par des arbitrages budgétaires défavorables et la réduction du patrimoine commun à défendre renforce inexorablement cette hypothèse. La morale étant variable d'une société à l'autre et même d'un individu à l'autre, seule la fraude à la loi peut être considérée pour rester un minimum concis dans le propos. Quand leurs intérêts personnels sont en jeux, les individus se raccrochent à la loi alors que dans l'inconscient collectif et l'opinion publique les fraudes à la morale (même légales) sont plus durement réprimées.

Bien que la nature humaine n'ait que peu évolué depuis les milliers d'années de civilisations connues, les fraudes ont, elles, évolué, mais se rapportent toujours à un seul motif : l'intérêt du fraudeur. Il est bien connu que lorsqu'un enquêteur se questionne pour la résolution d'un crime, la première question est celle du mobile. On se demande dans les films : « À qui profite le crime ? » Cette question démontre, à elle seule, que toutes les infractions ont un motif intéressé. De la banale infraction à ne pas payer son billet de transport en commun pour économiser pour soi-même quelques sous au détriment de la collectivité en se disant qu'il y a peu de risque que celui que je spolie directement (la société de transport et l'État) soit présent pour s'en plaindre et me faire réprimander au nom de la loi, au crime de sang pour une histoire d'argent ou d'honneur, peu de fraudes échappent à cette logique. Preuve supplémentaire que la nature humaine a peu évolué malgré les millénaires, les anthropologues ont daté les premiers squelettes d'hommes tués par d'autres hommes aux mêmes périodes que la sédentarisation, à la naissance de la civilisation et par conséquent de la propriété privée. Les fraudes ont donc toujours existé, mais les motifs sont devenus de plus en plus pécuniaires à mesure de l'émergence de la classe égoïste. On est ainsi bien loin du temps où l'on tuait par amour ou pour l'honneur dans des duels très formels. Aujourd'hui, on tue pour un différend d'affaire (notamment dans ce qui touche aux stupéfiants ou aux armes) ou, au contraire, car l'amour n'est plus. Dans cette optique, ce sont imposés les adages : «Essayé, pas pu », « Qui ne tente rien n'a rien », ou plus symptomatique encore : « Pas vu, pas pris », consacrant le principe que l'individu peut à loisir enfreindre la loi jusqu'à se heurter à un agent qui lui imposera. Ces maximes sous-entendent toutes que la loi, et encore moins la morale, ne sont des bornes où la responsabilité individuelle impose l'intérêt général au détriment de l'intérêt particulier. Cet inversement des valeurs est caractéristique de la classe égoïste et la loi ne peut en elle-même contrecarrer sa logique.

En cela, le système judiciaire et plus particulièrement pénal semble peu adapté aux justiciables égoïstes de notre siècle. En effet, la loi et les peines infligées en cas de transgression sont relatives à la gravité de la fraude en elle-même et non au motif de cette fraude. Même s'il est vrai qu'un crime dit passionnel sera moins durement puni qu'un crime dit crapuleux, un viol sera beaucoup plus réprimandé qu'un vol avec violence. Pourtant, tandis qu'on pourrait traduire un viol par la résultante d'une pulsion primaire non régulée par l'éducation ou l'intellect et imposée par un être fort sur un être faible (donc un crime simplement égoïste parfois même égocentrique), le vol avec violence est une action qui consiste en une agression cruelle en vue de s'attirer un avantage pécuniaire au détriment d'un autre en détruisant plus chez la victime que ce que le butin va rapporter à l'agresseur. Loin d'excuser l'un ou l'autre, tandis que le premier crime peut être imputé à une déficience intellectuelle et sociale qui a laissé la nature de l'animal s'exprimer, le second ne trouve aucune explication anthropologique. Il est purement égoïste. En cela, la police et la justice pourraient sanctionner non pas seulement en fonction du préjudice subi, mais également en fonction du motif profond de la fraude. Dans le cas des violences sexuelles, il est d'ailleurs reconnu par les spécialistes que la majorité est issue d'hommes de l'entourage et non d'inconnus souffrant de troubles psychiques chroniques. Il conviendrait alors de dissuader les premiers en agissant sur le coût d'opportunité de leur acte tandis que les seconds devraient être soignés ou écartés de la sphère publique. Pour les fraudes purement pécuniaires comme le vol, elles sont divisibles en deux catégories. Celles qui relèvent des premiers étages de la pyramide de Maslow et qui ont été la réponse à la nécessité de répondre aux besoins primaires (dormir, manger, se laver...) et celles qui ont attrait aux volontés d'accaparement. Bien que la morale en fasse la distinction, la loi ne la fait pas. Ainsi, une maman qui vole un pain dans un supermarché pour nourrir ses enfants risque théoriquement autant que le voleur de téléphone portable. La loi considère ces deux faits comme identiques, mais le premier répond à l'instinct de survie et l'autre répond à l'instinct égoïste. Enfin, il est aussi à considérer la nature du préjudice pour la victime. En effet, il est bien différent si la victime a été touchée dans son intégrité physique et morale ou si elle a juste été privée d'un avantage dans l'accaparement d'argent. En effet, on peut difficilement mettre à égalité un cambrioleur et un jeune qui télécharge un film illégalement sur Internet. Tandis que le premier va toucher à l'intégrité d'une famille, le second va tout au plus, selon les industriels du secteur, les priver d'une ou plusieurs ventes supplémentaires du même produit et donc d'une part supplémentaire d'argent, partant du postulat fantaisiste que tout téléchargement est une vente due de perdue.

Caractéristique d'une société égoïste où cette classe s'impose, la grande majorité des fraudes a des mobiles pécuniaires. Comme pour l'accaparement légal d'argent, le système normalisé de fraudes en tout genre se fait au détriment de la classe elle-même puisqu'elle est à la fois victime, instigatrice et complice de ce système. Victime, car elle est la cible des fraudeurs en tout genre. La classe dirigeante a suffisamment de moyens de se protéger de la fraude et la classe marginale n'a rien à se faire spolier. Elle subit ces fraudes de manière directe par les vols et les cambriolages par exemple, mais aussi de manière indirecte. Pour exemple dans les transports en commun, le coût de la fraude de certains est assumé plus que largement par la collectivité de ceux qui payent. En premier lieu, elle paye le coût marginal d'utilisation du bien par les fraudeurs, mais en plus elle subventionne les contrôles pour tenter de créer un coût d'opportunité en faveur de la légalité. Comme dit précédemment, il est naturel pour un individu de vouloir faire payer par les autres un service qu'il utilise, mais à l'instar de ce que montre le dilemme du prisonnier, cette situation n'est viable pour personne à terme. C'est dans cette optique qu'il faut réprimer plus sévèrement la fraude et rendre le coût d'opportunité clairement trop élevé. Dans le cas de la fraude directe aussi, l'individu égoïste est au bout du compte perdant. En jetant ses déchets dans l'espace public (et conséquemment le dégrader) pour s'épargner égoïstement un effort, il aura soit des rues sales, soit un impôt supplémentaire pour financer un service de nettoyage qui amputera son pouvoir d'achat. Parallèlement à son statut de victime, elle est aussi instigatrice des fraudes. Ce sont ses membres qui fraudent les participations aux financements des services publics, des biens communs ou aux crimes et délits dont d'autres membres sont victimes. En effet, la classe nantie n'a pas besoin de frauder pour jouir et elle aurait plus de biens que ses victimes. La classe marginale, elle, n'étant pas dans la compétition égoïste, n'a aucun intérêt à s'approprier des biens inutiles en spoliant autrui, sauf éventuellement pour répondre sans autre solution à des besoins primaires. Enfin, elle est souvent complice de ce système de fraude en étant le client final de la filière de recel des biens mal acquis. Voulant toujours plus de biens pour toujours moins d'argent afin de prendre un avantage dans la lutte à la comparaison ostensible, la classe égoïste est celle qui est la destinataire des biens spoliés à ses pairs. Le prix du bien payé par l'acheteur au voleur est la rentabilité de la fraude pour ce dernier. Si on le comparait à l'économie légale, on pourrait dire que c'est la marge brute. Mais pensant être gagnant en achetant des produits volés, l'individu égoïste est perdant à de nombreux titres. En premier, parce que plus il va acheter des biens volés à d'autres, plus le nombre de vols va être élevé, avec le risque que lui-même se fasse voler plusieurs fois. Ensuite, parce que le risque de vol induit des primes d'assurances de plus en plus élevées. Poussant la logique à l'extrême inverse, l'absence de vol induirait une inutilité à s'assurer. En cela, on peut penser que, dans le meilleur des cas, l'excédent brut d'exploitation des entreprises d'assurance est une perte nette pour la classe égoïste et, dans le pire des cas, on peut considérer que l'ensemble de leur chiffre d'affaires est pris à la classe.

Le rapport de la classe égoïste à la fraude est donc, comme sur beaucoup d'autres sujets, soumis à de nombreuses ambiguïtés. On constate encore une fois sans beaucoup d'analyse que ce qu'elle croit gagner individuellement engendre une perte bien plus grande à l'échelle collective, qu'elle finit par payer indubitablement. Mais comme dans de nombreux autres domaines, ce n'est pas un jeu à somme nulle et elle finit toujours par payer plus que ce qu'elle y gagne. L'abandon de toute morale en prime.

XXVI.

LA PITIE EGOÏSTE ET LA CLASSE MARGINALE

La pitié, souvent amalgamée à la générosité par la classe égoïste, semble être un sentiment humain en contradiction avec l'égoïsme, et il pourrait rendre caduque cette théorie. Bien que l'on puisse ressentir de la pitié égoïste dans une irréelle forme de snobisme ou de discrimination, il existe a contrario une pitié qui donne lieu à une convenable générosité, du moins en apparence. Le premier cas s'inclut avec limpidité dans la théorie égoïste, mais le second cas peut laisser imaginer que l'homme est naturellement bon et que c'est la société ou le système qui le pervertit, comme certains philosophes l'ont pensé, mettant à mal cette théorie égoïste. Mais il n'en est rien. Les deux cas sont en réalité similaires. La pitié est un sentiment qui exclut par nature. Elle est ressentie au regard de quelqu'un de différent et qui semble indiscutablement inférieur à l'individu qui l'éprouve. C'est à partir de ce constat commun que la pitié conduit à deux réactions différentes. La première, la discriminante, consiste donc à accentuer le dénigrement de l'objet de la pitié et de s'en détourner en feintant de l'ignorer ou en le dénigrant de manière ostensible pour recueillir l'approbation de l'entourage. Un exemple concret de cette pitié discriminante est certainement la ségrégation des zones d'habitations entre des quartiers riches qui s'excluent de la société en ghettos de luxe et les zones défavorisées, « les quartiers », qui sont exclus de fait. Les premiers ressentent une certaine pitié envers ces quartiers, si bien qu'ils prônent tous des politiques d'aménagement et de mixité sociale, mais dans les faits ils s'en protègent de plus en plus en dénigrant le mode de vie attaché. Il convient même en société d'envier une adresse ou de dénigrer une autre indépendamment du logement en lui-même ou de la personne qui y vit. La seconde, la généreuse, consiste à faire un don en argent pour penser soulager l'objet de la pitié de sa situation jugée de fait très défavorable. Dans un système fait amoral et devenu immoral, l'exercice de la pitié généreuse permet à celui qui inconsciemment se sait égoïste de se rassurer sur sa capacité à être empathique et généreux quand il le décide alors qu'il est, en dehors de ces exceptions, cupide et égoïste. Souvent sans conscience de son état, l'exercice peu lucide de la pitié est pourtant la démonstration d'une certaine schizophrénie dans les rapports entre égoïsme et altruisme. L'égoïsme normalisé et, dans une certaine mesure, assumé dans la vie quotidienne et envers des gens pour lesquels on éprouve de l'affection peut se transformer en une générosité morbide envers des inconnus. Cette apparente contradiction s'explique en réalité par la notion de compétition interne à la classe égoïste. Cette classe d'individus, qui s'affrontent dans une lutte à l'accaparement de l'argent et à la consommation ostensible, voit la générosité comme un transfert d'un avantage vers un rival de classe. L'exercice de la pitié s'exerce donc vers un individu qui est hors de cette compétition pécuniaire. Il est question pour l'homme égoïste de s'acheter une vertu, mais sans pour autant favoriser un potentiel rival égoïste. Cette générosité, égoïste et ciblée, définie par le concept de pitié, est en réalité un banal acte d'achat de valeurs positives faisant de fait des actions égoïstes normales des actes négatifs au regard de la morale universelle. C'est en organisant cette générosité que des multinationales de la charité se sont structurées en véritables entreprises pour capter de manière industrielle et valoriser les sentiments de pitié et de générosité que l'individu égoïste exprime. Il s'agit par exemple pour ce dernier de faire don d'une partie de son pouvoir d'achat à une organisation qui affiche une activité de protection de la planète pour s'absoudre de la responsabilité morale de sa frénésie de consommation qui détruit cette même planète. Dans une optique moderniste, cet individu pourra même se targuer dans la compétition ostensible de consommer de manière « verte », ce qui devrait lui apporter un avantage d'image. Même principe pour le commerce équitable. Ouvrant tout grand le monde au capitalisme néo-libéral, l'individu égoïste a pu consommer plus de biens tout en y consacrant moins d'argent. Il acheta ses produits à très bas coûts dans des pays exotiques en sous-rémunérant les populations productrices locales, créant une sorte d'esclavagisme moderne au détriment des producteurs occidentaux qui devaient être rémunérés convenablement parce qu'étant dans la compétition égoïste. Alerté de ce néo-esclavagisme mondialisé, l'individu égoïste ne deviendra pas plus vertueux en payant un prix convenable au producteur local sous peine de se créer un rival et de lui donner davantage de son argent, mais le sentiment de pitié lui fera adhérer au « commerce équitable » qui consiste à garder les mêmes esclaves des pays exotiques, mais en les rémunérant quelques pourcents supplémentaires. Cette captation du besoin naturel de pitié envers les plus faibles a été très tôt exploitée par la classe savante (l'Église) qui a su trouver une indépendance financière partielle à l'égard de la classe dirigeante en institutionnalisant le don généreux à la communauté (e.g. à l'Église) dans la pratique de la religion.

Ce sentiment de pitié dirigé vers une certaine catégorie de population introduit alors une autre classe qui vient compléter le tandem que font la classe dirigeante et la classe égoïste. Cette classe marginale est composée à l'extrémité inférieure de l'échelle sociale de tous ceux qui n'ont pu ou n'ont voulu entrer dans le système égoïste. Cette classe indigente est certes majoritairement composée de personnes pauvres en terme de patrimoine et de revenus, de marginaux de fait, d'indigents, mais elle est aussi composée d'un nombre de plus en plus grand d'individus qui ont voulu, par le haut ou par le bas, sortir de la classe égoïste ou qui résistent à leur incorporation d'office. C'est notamment le cas de certaines populations de ce qu'on appelle « les quartiers », et qui crée une sorte de société parallèle basée sur des critères qui leur sont davantage accessibles (et favorables). À l'échelle mondiale, ce sont des populations qui résistent à la mondialisation telle qu'elle est menée par la classe dirigeante et promue par la classe égoïste. Plus proche de la classe égoïste, elle est celle qui est en dehors du système de consommation ostensible. Prônant d'autres valeurs que celles qui ont été vendues à la classe égoïste, cette classe marginale semble en cela à la traîne dans la compétition à l'accaparement de l'argent, de la consommation ostensible et donc de la liberté, ce qui en fait une population malheureuse par défaut pour les individus de la classe égoïste. C'est parce que, par tout cela, l'individu égoïste se persuade d'être le plus heureux qu'il considère que le marginal le sera moins que lui, et qu'il peut alors être l'objet de sa pitié. C'est également dans cette idée que l'individu égoïste peut refuser une générosité de peur d'être considéré comme en dehors de la compétition par son état, et d'être de fait un indigent. C'est aussi en faisant dénigrer cette classe marginale (la pitié discriminante) que la classe dirigeante crée la peur pour l'individu égoïste d'en faire partie et le maintient ainsi sous son contrôle. C'est en rendant le travail salarié rempart de la forteresse égoïste que le patronat peut agiter l'épouvantail de la perte d'emploi pour asservir ses salariés, sous peine de devenir un indigent en le perdant. Le sentiment de pitié, qu'il soit discriminant ou généreux, s'exerce donc de la part de la classe égoïste envers la classe qui lui est directement inférieure, pour s'en protéger ou s'offrir une vertu. Dans un cas comme dans l'autre, il n'est que le reflet d'un intérêt individuel, qu'il s'exprime par la peur ou par la générosité en fonction des individus. Ce sentiment finit soit par venir au secours théorique de la classe marginale, soit par alimenter un business géré par la classe dirigeante, que ce soit par la peur en créant des quartiers protégés et en vendant de la sécurité, ou en captant le besoin de générosité via des ONG multinationales et tentaculaires vendant de la vertu à une classe qui en est de moins en moins pourvue.

XXVII.
Le futur de la classe egoïste

Il est logiquement difficile, voire impossible, de prédire l'avenir, et de préjuger de ce que deviendra la classe égoïste dans le futur. Néanmoins, l'histoire nous a montré qu'elle tournait comme un disque vinyle revenant périodiquement sur la même ordonnée, mais à un niveau différent sur l'album du temps. La nature de l'être humain n'ayant pas énormément changé depuis les quelques milliers d'années de civilisations connues, il est possible d'esquisser une hypothèse sur ce que pourrait devenir la classe égoïste dans le temps. C'est néanmoins un énorme pari que d'aborder un chapitre comme celui-ci, d'autant plus si cet ouvrage passe la censure de la postérité. Mais il est important, pour apporter une quelconque valeur à ce travail, plus que de constater et théoriser ce qui a déjà été fait ou ce qui caractérise l'Homme, d'éclairer sur les conséquences du présent, pour l'avenir de la classe égoïste. Voici une sorte de mise en garde que l'avenir jugera.

À l'instar de la vieille classe dirigeante par de folles dépenses à la cour ou à la guerre, cette nouvelle classe supérieure moque sa classe inférieure par un train de vie dispendieux, contrastant de plus en plus avec un quotidien de plus en plus difficile et précaire pour cette dernière. La richesse toujours croissante d'une petite classe de nantis et une ponction toujours plus importante des richesses sur la classe inférieure pour remboursement d'une dette de plus en plus indigne seront les carburants et comburants d'une grogne sociale de plus en plus sérieuse. C'est d'ailleurs par la réunion des États généraux pour tenter de résorber une dette phénoménale que Louis XVI déclenchera malgré lui une suite d'évènements qui le conduiront à l'échafaud. L'exemple actuel de la Grèce en est également une parfaite illustration. Néanmoins, le refus assimilé de la violence dans le peuple en contre-réaction aux boucheries des guerres mondiales ne mènera certainement plus les dirigeants à la guillotine ou au gibet. Il semble davantage probable que deux variantes politiques se dessinent pour arriver aux mêmes résultats. Soit les partis extrémistes (communistes, socialistes ou nationalistes) arrivent au pouvoir par soulèvement démocratique du peuple qui brise enfin les chaînes de l'habitude, soit les partis traditionnels arrivent à se maintenir. Dans le premier cas, ces politiciens rétablissent l'État fort qui s'approprie toutes les richesses et annule de fait la dette, ruinant partiellement le pays et faisant fuir les capitaux et les esprits qui refusent cet accaparement. S'en suit une grande période d'instabilité sociale et économique. L'économie est ruinée et marche au ralenti, la prospérité matérielle acquise au XXe siècle est remise en question et la classe dirigeante déchue impose une pression extérieure considérable sur le ou les pays. Avec la légitimité de porter le changement et la révolution, le nouveau pouvoir va progressivement imposer un recul marqué des libertés individuelles pour contenir un soulèvement populaire qu'il ne pourrait pas maîtriser, tout en promettant des lendemains qui chantent. La nation va alors progressivement se refermer sur elle-même dans une sorte de dictature de fait, se mettant à dos toute une partie du monde et bien sûr l'oligarchie spoliée. Le peuple sera maintenu dans une idéologie dure et un niveau de richesse minimum et surtout égalitaire (en tout cas officiellement). Toute ostentation sera ainsi réprimée, faisant renaître une certaine forme de lois somptuaires. Toute manifestation sera écrasée avec violence par nécessité de maintenir le pays dans un équilibre précaire et la démocratie sera progressivement réduite à sa plus simple expression, dominée par un parti paternaliste qui feindra de protéger son peuple des attaques extérieures. L'ancienne classe dirigeante sera remplacée par une nouvelle qui, au nom du renoncement aux excès passés, imposera l'austérité à tous sauf à eux-mêmes, en dépit d'une certaine retenue d'apparence.

La deuxième hypothèse, celle d'un maintien de la classe politique traditionnelle, sera celle d'un resserrement de l'étau économique qui asphyxiera la classe égoïste au nom du remboursement de la dette et de l'économie de marché. La classe égoïste n'ayant alors plus les moyens de l'être se soulèvera pour réfuter les arbitrages qu'elle jugera injustes et le paiement d'une dette à ses dépens qu'elle pensera illégitime et dont elle n'aura surtout pas profité. L'absence de scrupules à perdre un capital qu'elle ne possède plus et un avenir qui lui semble sans espoir, rendra ce soulèvement violent et poussera l'État à user de la force publique pour le réprimer et maintenir le système à tout prix. La classe dirigeante, toujours plus opulente, se protégera par cette force de l'ordre et continuera de prospérer au détriment du peuple qui, de plus en plus, survivra. Suite aux troubles sociaux, les libertés individuelles auront été considérablement restreintes et la démocratie se limitera à un choix entre deux partis représentant les mêmes intérêts de classe. La liberté d'expression sera en apparence préservée, mais toute matérialisation de cette expression sera impitoyablement châtiée. La nouvelle répartition sociale sera, plus que jamais, proportionnelle aux moyens financiers, et l'idée même du suffrage universel sera remise en question. Le peuple sera maintenu dans une précarité extrême et un niveau de richesse à peine supérieur à celui qu'il faut pour survivre. La carotte d'une sortie de la pauvreté sera promue pour dissuader toute velléité révolutionnaire et le bâton de la force publique tant que de l'exclusion du système et donc de la misère sera agité pour dissuader les autres.

Dans un scénario comme dans l'autre, les libertés individuelles et la démocratie seront gravement atteintes. C'est d'ailleurs ce qui commence à se produire par un empilement des lois sécuritaires dans tous les pays, au nom du risque terroriste ou plus étonnant encore, au nom de la laïcité. Et tout cela avec l'assentiment du peuple qui rêve de sécurité égoïste quitte à sacrifier les libertés individuelles (pensent-ils) des autres seulement. Dans à peu près tous les pays occidentaux, on assiste également à une bipolarisation de la politique, bien que dans les idées tant que dans les réalisations, le mono-partisme soit une réalité. Particulièrement dans les pays à forte influence anglo-saxonne comme bien sûr les États-Unis, le Royaume-Uni ou l'Espagne. D'autres, comme la France, la Suisse ou l'Autriche ont un bi-partisme moins affirmé, laissant la place à des partis jugés extrémistes. Ces deux hypothèses consacrent également une primauté des doctrines sécuritaires, réduisant de fait les libertés pour des motifs en réalité fallacieux. Dans un cas comme dans l'autre, seule la force publique permettrait d'imposer les idées d'un gouvernement de moins en moins légitime dans le peuple, de par la souffrance que ce peuple vivrait au quotidien. Peu importe l'idéologie et ses conséquences théoriques, la pression sur la classe inférieure serait d'autant plus grande, et il faudra dans tous les cas le faire accepter par la force. Et bien que dans la première hypothèse les mesures d'austérité pourraient paraître plus légitimes, le semblant de liberté du deuxième scénario rend ce recours à la force publique différent, mais non moins important. Le niveau de richesse, de liberté et les espoirs développés dans chacun des scénarios varient un peu, mais il n'en reste pas moins que dans les deux cas, c'est le peuple qui va subir les contrecoups des vagues de l'histoire. Une histoire qu'il a subie et qu'il subira encore à l'avenir.

Preuve, s'il en faut encore, des tours de l'histoire, la crise de 2008 qui se poursuit toujours a comme un parfum de 1929. Tout comme en 1929, la solution à la crise fut non pas un redémarrage de l'économie par une reprise en main par un état bienveillant, mais par un sauve-qui-peut de la classe dirigeante pour sauvegarder ses acquis. Il faudra attendre, après 1929, une guerre mondiale et un plan Marshall pour que le monde retrouve une prospérité et un espoir. Les recettes appliquées depuis 2009 semblent en cela qu'un recommencement des erreurs du passé. La guerre ne serait pas intra-européenne, mais plus probablement « occidentalo-asiatique », les tensions actuelles en témoignant. Néanmoins, ces vaguelettes au regard de l'histoire de l'Homme ne sont que des expressions notables d'un mouvement durable qui tend vers une régression humaine profonde. On peut la comparer à la transformation de la République romaine en un empire, à la chute d'Athènes ou à la fin de la république galactique dans une certaine (bi)trilogie de science-fiction. L'éternelle répétition des erreurs de l'humanité ne tient pas tant à l'immuabilité des scénarios qu'à l'incapacité de l'être humain à imposer un pouvoir absolu à ses passions, à prendre du recul pour critiquer son temps et prendre les décisions qui lui éviteront les erreurs d'antan. Certes les situations semblent différentes, mais fondamentalement les mêmes causes amènent les mêmes conséquences. Le besoin égoïste de l'Homme le poussera toujours à se battre pour son profit immédiat contre les autres. Ce n'est pas ce fâcheux défaut en lui-même qui est condamnable, mais plutôt l'utopie que chaque génération croit avoir transcendé son état et être parvenue à un niveau supérieur à celui de ses aînés. L'éternelle répétition des mêmes maux devrait pourtant nous faire remettre les pieds sur terre.

En conclusion, la classe égoïste sera toujours aussi égoïste, comme elle a toujours été inférieure. Non seulement parce qu'elle part avec un trop grand handicap pour pouvoir caresser l'idée de devenir supérieure, mais surtout parce que malgré tous les efforts de certains pour élever le niveau général, il y en aura toujours certains autres plus cupides, plus égoïstes ou plus bêtes pour penser qu'ils pourront s'élever en dépit des autres.

POSTFACE.
LA CLASSE EGOÏSTE ET MOI

Il y a certainement deux questions que vous vous posez depuis le début de cette lecture. Je vais tenter d'y répondre ici. La première est de savoir quelle est la part de cette classe égoïste dans la société. Selon moi, la classe égoïste englobe une très forte majorité de la population. Si je devais avancer un chiffre, je dirais environ 85%, le reste se partageant entre la classe dirigeante (5%) et la classe marginale (10%), bien que ces chiffres n'aient rien de scientifique. Cela correspond approximativement à la définition de la classe moyenne des Trente Glorieuses. La seconde question que le lecteur peut légitimement se poser est de savoir s'il fait partie de cette classe égoïste. La réponse est très probablement oui. En corollaire, vous vous demanderez si je considère en faire partie ou non. La réponse est également oui. Néanmoins, l'écriture de cet ouvrage aura quelque peu modifié mon paysage social.

Il m'aura fallu des années avant d'avoir le courage de m'attacher à l'écriture d'un livre qui dans sa première édition rassemble plus de 70.000 mots. Pas tant pour l'écrire, bien que ce fût un travail bien plus conséquent qu'imaginé, mais pour passer l'épreuve de mon autocensure. Il est vrai que mon ambition naturelle à l'approche d'une tâche est telle que ce qui peut paraître un banal exercice pour la plupart devient pour moi une occasion de laisser un perfectionnisme maladif s'exprimer. C'est donc avec une grande humilité que j'ai passé plus de deux ans à écrire cette théorie (et plus d'un an à la corriger) avec une permanente remise en question devant la nécessité de produire quelque chose qui pourra intéresser le présent comme la postérité tout en débutant dans l'activité. Avant l'envoi pour publication de ce texte, j'ai transmis quelques brouillons à des proches pour avis. À ma grande surprise, loin de désavouer en bloc ma théorie, ils l'ont globalement approuvée. C'est donc un certain satisfecit qui s'est dégagé des commentaires des premiers lecteurs quant à cette analyse de la classe égoïste, sa définition, ses savoir-être, ses contradictions, ses paradoxes, ses non-sens, sa cupidité, mais surtout : son égoisme. À vous d'en juger maintenant. Plus surprenant encore, aucun d'entre eux ne s'est reconnu dans ce portrait au vitriol que je dresse d'eux-mêmes. Car la classe égoïste, c'est aussi eux ! (et certainement vous). Durant l'année que la satisfaction de mon perfectionnisme aura demandé pour oser prendre au sérieux mon travail, j'ai pu me rendre compte que les chapitres écrits ici avaient trouvé leur réalisation dans la vie réelle (en l'occurrence la mienne). Mon côté taquin ne put s'empêcher de confronter les protagonistes de ces scènes de vie avec ces lignes, et que l'on m'ait donné raison ou tort, je n'ai pu constater de changement mélioratif dans le comportement de ces gens envers moi, bien au contraire. Car ce qui caractérise la classe égoïste et qui ne lui permettra jamais de s'affranchir de son statut d'égoïste, c'est cette tendance naturelle à reporter sur les autres ses propres tares. Aucun d'entre eux, d'entre vous ne s'admettra égoïste, bien que concernant les autres, beaucoup vont s'accorder à dire que la société est égoïste (et peut-être encore plus maintenant). La classe égoïste se caractérise donc peut-être avant tout par ses certitudes d'avoir raison contre tous, contre l'histoire, contre la morale, contre le bon sens et probablement même contre cet ouvrage. C'est en cela que j'ai bien peu d'espoir quant à la destinée de ce livre dans sa mission d'éveiller les consciences.

En ce qui concerne les auteurs aussi, le manque de recul s'opère. En effet, contrairement à Thorstein Veblen qui grâce à ses origines modestes nous a livré une analyse inédite de l'Amérique du XIXe siècle, la grande majorité des écrivains font partie du haut de la classe égoïste ou parfois même de la classe dirigeante, et ne peuvent donc en conscience critiquer leur classe. De tout temps dans l'histoire, que ce soit par la classe savante décrite ici ou par le courant des Lumières, l'analyse sociale a été faite et sanctuarisée par des personnalités issues de couches relativement élevées de la société, orientant de fait leur point de vue dans une certaine direction. C'est d'ailleurs à mon avis ce qui fait l'échec de l'analyse marxiste et la force de l'analyse de Veblen. Tandis que le premier, fils d'un grand avocat et propriétaire, a développé une vision chimérique de l'ouvrier en base de sa théorie, le second, bien plus pragmatique, peut-être parce que d'une origine moins favorisée, s'attacha à montrer l'être humain tel qu'il est avant d'esquisser toute théorie économique. C'est ainsi que les auteurs issus de la classe égoïste écrivent pour condamner la classe dirigeante et lui imputer tous les problèmes du monde, tandis que ceux de la classe dirigeante fustigent des déséquilibres systémiques et sociétaux, rejetant indirectement la faute sur cette même classe égoïste. Il peut être question de savoir pourquoi seuls des points de vue d'auteurs issus des hautes franges de la société transmettent leurs idées à la postérité et font ainsi l'Histoire officielle malgré de criants partis pris dans leurs analyses. En premier lieu, il est nécessaire d'avoir les connaissances et surtout l'esprit formé à penser pour pouvoir forger une analyse pertinente et émettre une théorie. L'éducation étant, jusqu'à il y a peu, réservée à une élite, ces savoirs et ces savoir-faire étaient destinés uniquement à la classe dirigeante. Bien que l'accès à l'éducation de base soit aujourd'hui à la portée de toutes les strates de la population, y compris les plus basses, il ne suffit pas de savoir écrire, même bien, pour avoir la capacité à mettre en mots sa propre autocritique et celle de ses pairs. La répartition de l'offre d'éducation comme décrite dans un chapitre précédent et théorisée par Veblen dans « The Higher Learning in America » fait qu'il n'est pas permis à la classe égoïste dans son ensemble d'apprendre à penser. Elle doit se cantonner à des savoirs purement productifs, et est de toute manière tellement formatée dès l'enfance qu'elle n'envisage pas de remettre en question quoi que ce soit. Enfin, comme le déclamait Marx, n'ayant que sa force de travail pour subsister, elle n'a guère l'opportunité de s'affranchir de ses servitudes pour offrir au futur un héritage intellectuel qu'elle saurait capitaliser. Auquel cas, Marx ne les aurait peut-être plus considérés comme ses prolétaires. Pour ces trois raisons, la majorité des écrits issus de la classe égoïste touche des sujets que je relierais au divertissement. Car après tout, la classe dirigeante lui dit qu'elle doit travailler et se divertir, pas penser.

Mais, revenant à l'esprit même de cupidité qui fait le système tel que je l'ai décrit, la majorité des livres mis sur les étals des libraires est plus destinée à assurer des revenus et une renommée à leurs auteurs qu'à réellement apporter une pierre à l'édifice de la connaissance de l'homme par l'homme. Une connaissance, elle-même auteure d'une excellente œuvre dans les domaines socio-juridiques, me confia qu'un écrivain moderne ne gagne pas d'argent en vendant ses livres, mais en monnayant sa renommée acquise. Bien que je ne la soupçonne en rien d'être motivée par sa cupidité (le sujet de son ouvrage en est une preuve), il est vrai qu'elle multiplie les conférences rémunératrices depuis la parution de son livre. C'est pour cela que bien peu d'écrivains se sont risqués à critiquer leurs pairs, ne serait-ce que pour ne pas susciter la sanction sociale qui va avec toute critique non associée à un pouvoir hiérarchique coercitif. C'est en complet assujettissement aux règles de la compétition égoïste que nombre d'écrivains publient leurs textes et esquivent diamétralement tout sujet qui pourrait froisser un auditoire égoïste qui préfère être flatté que critiqué, sous peine de perdre l'avantage qu'il pourrait leur donner dans la compétition égoïste. L'émission d'une telle théorie ne peut en cela émaner que d'un auteur qui n'appartiendrait pas (ou plus) à la classe égoïste ou qui prendrait le risque d'en être ostracisé, ayant une éducation lui permettant de mettre en mots si bien que possible une analyse sans concessions de son environnement et n'ayant pas un esprit cupide qui dénaturerait son propos. C'est Certainement l'addition nécessaire de ces critères potentiellement rares qui fait qu'une telle théorie n'ait jusqu'à aujourd'hui pu se diffuser dans la population.

Et moi dans tout ça ?

Je laisserai à d'autres le soin de faire mon portrait technique pour m'affranchir des accusations de ceux qui pourraient penser que je ne cherche qu'à me plaindre parce que je critique une situation à laquelle les égoïstes s'accommodent, en essayant d'en tirer avantage au détriment des autres. Mes origines et mes parents pourraient me faire membre de la frange basse de la classe égoïste, mais des études qui ne devaient pas être à ma portée et un crédit capable d'acheter une petite maison de campagne contracté à 18 ans pour les financer m'ont permis de changer un destin qui est pourtant inéluctable pour la classe égoïste, et de prendre une certaine hauteur sur mes pairs. Ces coûteuses études, finalement assez peu valorisables, ne furent que la matérialisation d'un esprit que j'ai appris à mes dépens différent des autres. C'est à 17 ans que j'émettais mes premières théories sur la classe égoïste, paraphrasant sans le savoir les postulats de Smith sur la nature humaine, et m'attirant déjà la réprobation de mes proches m'attribuant comme personnalité propre mes théories, tout en s'en dégageant. Cela renforçait alors mes convictions sur l'absence d'autocritique de cette classe que j'appellerai plus tard égoïste. C'est ensuite un parcours scolaire chaotique qui me fera écrire en guise de mémoire de Master un essai sur l'impact des questions écologiques et l'hypocrisie de notre système social. Le relatif succès de ce travail m'encouragera à penser plus loin que les seules questions écologiques pour mettre en lumière ses mécanismes dans toutes les actions humaines. C'est donc des années de travail et une éprouvante ostracisation sociale qui m'ont fait développer cette théorie de la classe égoïste qui vient s'inscrire en parallèle de la théorie (de la classe de loisir) de Veblen.

C'est au prix d'une certaine marginalisation sociale et d'un refus du confort qu'apporte la société égoïste qu'il m'a été permis de penser et de rédiger cet ouvrage. Cette théorie de la classe égoïste est en cela aussi la théorisation d'un vécu, d'expériences et surtout la capacité à les intellectualiser et à les mettre en mots. Bien que cette intellectualisation permette de prendre une réelle hauteur, cette théorie reste donc un point de vue sur une société qui exerce sur moi un sentiment d'attraction/répulsion dans un jeu de séduction permanent. Je n'ai pas voulu faire une compilation de pensées de philosophes, d'auteurs reconnus, de penseurs, dûment référencées et justifiées comme le font trop d'auteurs modernes et d'étudiants pour s'affranchir de toute responsabilité liée à l'activité de penser par eux-mêmes, finissant par faire des compilations remixées de points de vue déjà connus. Néanmoins, l'écriture de cet ouvrage s'est vue, souvent a posteriori, confortée par de nombreux écrits antérieurs que j'évoque par moment. Certains d'entre vous pourront penser que je m'en suis inspiré, mais paradoxalement, j'ai lu les écrits de ces grands noms (Veblen, Smith, Voltaire, Rousseau, Machiavel, Hobbes, Laborit...) bien après avoir commencé la rédaction de cette théorie et bien plus encore après avoir commencé à la penser. Ces Lumières dont beaucoup se croient les héritiers, que ce soit chez les intellectuels ou dans le peuple, sont en réalité bien loin de notre société actuelle. Certes, les points de vue étaient dans ce club parfois diamétralement opposés, à l'image du duel Voltaire/Rousseau, mais tous se faisaient les promoteurs de la liberté de penser et de s'exprimer sans risquer la coercition. Or, dans notre société moderne, bien que libre d'apparences parce que non-sujette au courroux de la force publique ou de l'appareil d'État, la parole est de plus en plus soumise à une censure sociale découlant d'une sorte de retour à l'ordre moral et à la vertu, dignes de l'inquisition. La censure se fait ainsi par la plèbe elle-même. La bonne société condamne par une exclusion sociale tout point de vue contraire dicté par le dogme du moment. Déclamer une thèse contraire aux discours moraux de l'époque comme je l'ai fait avec mon premier travail de mémoire sur l'écologie capitaliste fait prendre le risque à son auteur, plus que de ne pas avoir son diplôme (ce qui aurait pu en conscience m'arriver), d'être condamné comme hérétique intellectuel ou tout simplement comme mauvais penseur, avec tous les défauts que pourtant il dénonce.

Cette théorie de la classe égoïste s'est donc développée dans la douleur. La douleur de l'exclusion sociale que le développement de ces thèses m'a value, soit par des individus égoïstes qui se sont sentis plus ou moins justement insultés, mais aussi parce que la prise de conscience de cet égoïsme normalisé m'a fait prendre certaines distances. La douleur également d'être le seul à avoir conscience d'un naturel que l'être humain cultive en le dénigrant au lieu de l'accepter et de le combattre. Enfin, bien que totalement inconscient des retombées de cette entreprise, les dix années de mise à l'épreuve de mes théories et l'état de la société européenne me laissent peu d'espoir sur une rédemption de l'être humain. Certains penseront alors que loin d'être un fruit d'intellectuel, ce texte est le long récit de cette douleur et de quelques névroses d'un auteur psychotique. Je leur répondrai qu'ils sont soit trop peu intelligents, soit trop orgueilleux (et égoïstes) pour comprendre le fond de cette pensée qui se veut autant que possible dénué de ressentiments personnels. Il est vrai que dans un monde où les médias nous abreuvent du fantasme d'une société où tout semble aller bien, le froid pragmatisme de cette théorie peut sembler en décalage avec cette vérité médiatique, et par conséquent erronée. Anticipant les probables arguments de mes détracteurs, je les encouragerai à démontrer, loin des arguments stéréotypés dans les médias, que leur vie de tous les jours dément mes thèses. On pourra me reprocher que je reste assez théorique et que je fasse l'impasse sur des exemples réels pour illustrer avec pertinence des propos qui par conséquent en manquent. Cette remarque passera dans ce cas pour pertinente. Mais j'ai voulu faire un ouvrage qui n'est pas pollué de faits divers qui n'auront plus aucune signification dans quelques années, comme le sont la plupart de ceux présents de manière éphémère dans les rayons des libraires. Je laisse ainsi le soin à tous de rapporter à un fait précis de son époque chacun de mes propos. Pour ma part, je suis capable d'en évoquer de nombreux. Peut-être que ce livre pourra alors faire l'objet d'une réédition agrémentée de ces exemples.

Pour conclure ce chapitre un peu particulier où la première personne du singulier est de rigueur et où il est fait le procès de l'auteur au lieu de celui de la société, je confesserai que je n'aspire qu'à avoir tort et à découvrir un jour une société qui ne sera pas mue par la cupidité et l'égoïsme, mais par l'intérêt général. L'espoir reste entier tant la partie du monde qui m'est encore inconnue est grande et tant ce monde change, au moins sur la forme. Mais plus accessible encore, il est possible pour beaucoup, et peut-être pour moi, de refermer la boîte de Pandore à temps pour faire abstraction des maux du monde et s'affranchir de leurs influences pour vivre candide dans un univers aussi enchanté que chimérique. À ceux-là, je leur fais mes profondes excuses en leur conseillant de brûler ce livre. Et je sais qu'ils sont très nombreux.

TABLE DES MATIÈRES

Théorie de la classe égoïste

Version courte
de la première édition
Avril 2014

Version originale
Première édition
286 pages
Mars 2014

Revu et annoté par
Sophie Dujoncquoy
sophiedujoncquoy@gmail.com

Imprimé par CreateSpace
Une entreprise d'Amazon

Contacter l'auteur

johann_revenu@yahoo.fr

www.jrlivres.wordpress.com